LES
OUVRIERS EN FAMILLE

OU

ENTRETIENS

SUR LES DEVOIRS ET LES DROITS DE L'OUVRIER

DANS LES DIVERSES RELATIONS DE SA VIE LABORIEUSE

PAR

A. AUDIGANNE

OUVRAGE COURONNÉ PAR L'ACADÉMIE FRANÇAISE

ADOPTÉ POUR LES BIBLIOTHÈQUES SCOLAIRES.

HUITIÈME ÉDITION

Être utile.

PARIS

CAPELLE, LIBRAIRE-ÉDITEUR

27, RUE MONSIEUR-LE-PRINCE.

1877

OUVRIERS EN FAMILLE

OUVRAGES DE M. AUDIGANNE

EN MATIÈRE D'ÉCONOMIE ET DE MORALE

Les Ouvriers d'à présent et la nouvelle Économie du travail. 1 vol. in-8°. . . . . 6 fr.

Les Populations ouvrières et les Industries de la France. 2e édition entièrement refondue et considérablement augmentée. 2 vol. in-8°. . . . . 15 fr.

L'Industrie contemporaine, ses caractères et ses progrès chez les différents peuples. 1 fort vol. in-8°. . . . . . . 8 fr.

Les Chemins de fer aujourd'hui et dans cent ans chez tous les peuples, économie financière et industrielle, politique et morale des voies ferrées. 2 vol. in-8°. . . . . 15 fr.

François Arago, son génie et son influence, ou la Science dans ses rapports avec l'industrie. 2e edit. 1 vol. gr. in-18.. 1 fr. 25

L'Industrie française après la révolution de Février. 1 vol. gr. in-18. . . . . 1 fr.

De l'Organisation du travail, examen critique des divers systèmes qui se sont produits en 1848. 1 vol. gr. in-18... 2 fr.

La Lutte industrielle des peuples. Histoire des progrès de l'industrie d'après l'Exposition universelle de 1867, 1 vol. in-8°.. . . . . 6 fr. 50

L'Économie de la paix et la richesse des peuples, 1 vol. in-18.. . . . . 3 fr.

La Morale dans les campagnes, 1 vol. in-18.. . 3 fr. 50

Mémoires d'un ouvrier de Paris, 1871-1872, 1 volume in-18. 3 fr.

Saint-Denis. — Imprimerie Ch. LAMBERT, 17, rue de Paris.

LES
OUVRIERS EN FAMILLE

OU

ENTRETIENS

SUR LES DEVOIRS ET LES DROITS DE L'OUVRIER

DANS LES DIVERSES RELATIONS DE SA VIE LABORIEUSE

PAR

A. AUDIGANNE

OUVRAGE COURONNÉ PAR L'ACADÉMIE FRANÇAISE

ADOPTÉ POUR LES BIBLIOTHÈQUES SCOLAIRES.

HUITIÈME ÉDITION

Être utile.

PARIS

CAPELLE, LIBRAIRE-ÉDITEUR

27, RUE MONSIEUR-LE-PRINCE.

1877

PRÉFACE DE LA SEPTIÈME ÉDITION

Un intérêt particulier s'attache pour nous à cette nouvelle édition des *Ouvriers en famille*, par suite des changements accomplis durant ces dernières années, dans les lois relatives au travail et dans les institutions de prévoyance et de mutualité intéressant le grand nombre. A ce point de vue, la faveur croissante dont le public n'a pas cessé d'entourer ce livre nous imposait l'obligation de le revoir avec le soin le plus scrupuleux. Nous avons dû en outre y introduire diverses additions : c'est ainsi qu'un chapitre entièrement nouveau y est consacré aux sociétés coopératives. N'est-il pas évident, d'ailleurs, que la nécessité de répandre des notions exactes et précises touchant la législation, l'économie et la morale du travail, ne fait que grandir à mesure que l'instruction se développe et que les esprits s'éclairent davantage?

Après ces explications, nous regardons comme un devoir d'exprimer ici notre gratitude envers toutes les influences, toutes les initiatives qui ont eu pour effet, sous une forme ou sous une autre, de propager les *Ouvriers en famille*. Ainsi, nos remercîments s'adressent à l'Académie française, qui, dès le principe, avait couronné cet écrit comme un des ouvrages les plus utiles aux mœurs [1]. Ils s'adressent à des personnages éminents qui lui ont facilité l'accès des bibliothèques scolaires, des sociétés de secours mutuels, des écoles primaires, de certaines institutions spéciales d'enseignement, etc.

Notre livre doit beaucoup encore aux témoignages émanés de nombreuses sociétés savantes ou industrielles, comme à des résolutions provenant de Chambres de commerce, de Chambres consultatives d'arts et manufactures, de Conseils de prud'hommes, de Comités d'inspection du travail des enfants dans les fabriques, etc.

Il serait superflu d'ajouter qu'une très-large part de la popularité des *Ouvriers en famille* est due à la sympathique approbation si hautement exprimée, dans les différents organes de la presse périodique, par des pu-

---

[1] La première édition date du mois d'août 1850, et le rapport de M. Villemain a été lu à la séance solennelle de l'Académie française du mois de juillet 1851.

blicistes dont l'autorité est universellement respectée.

Rien de plus conforme à la pensée intime de cet ouvrage que d'insister sur la portée de ces manifestations. Nous y trouvons une occasion toute naturelle de rappeler qu'on n'obtient jamais aucun résultat favorable, dans quelque ordre que ce soit, sans un concours libéralement prêté par autrui. Certes, nous avons besoin dans la vie de toute notre activité personnelle; notre propre énergie est la condition absolue de tout succès. Il ne faudrait pas, néanmoins, nous en fier à nous seuls, nous en remettre à nos seuls moyens et à nos seules forces. Nous ne pourrions nous suffire à nous-mêmes. L'aide d'autrui nous devient à tout moment indispensable; dans aucune carrière, dans aucune entreprise, dans aucune œuvre, il ne nous est possible de nous en passer. Regardez autour de vous : partout la même loi, partout les mêmes phénomènes viennent sous ce rapport frapper vos yeux. L'existence journalière des ouvriers, notamment, n'exige-t-elle pas, dans les relations concernant le travail, un continuel échange de bons services?

Conséquence essentielle de notre nature, cet incessant besoin que nous avons les uns des autres forme une des principales bases de la société. Dans les relations privées, il doit être la source d'une bienveillance réciproque. Dans les pages de ce livre, ce lien moral. cette mutuelle dépendance suffiraient pour expliquer la forme d'un enseignement donné comme en famille, et où l'on s'est efforcé partout d'associer à l'idée de l'intérêt individuel le sentiment du devoir.

A. A.

Paris, le 1er mars 1866.

AVIS DE L'ÉDITEUR

L'éditeur des *Ouvriers en famille* croit utile de reproduire ici quelques extraits des opinions exprimées sur cet ouvrage dans différents journaux et publications périodiques.

M. le vicomte DE MELUN, dont le nom fait autorité en ces matières (*Annales de la Charité*, 30 septembre 1850) :

... « Le petit livre que nous annonçons veut apprendre aux ouvriers à tirer bon parti de leur situation présente, et leur indiquer ce qu'ils doivent faire et ce qu'ils ont droit d'exiger pour être toujours en règle avec leurs patrons, la justice et leur conscience. Sous la forme simple, claire et affectueuse d'un entretien familier, M. Audiganne fait connaître toute la législation qui oblige et protége le travailleur dans les diverses relations de sa vie, depuis la loi qui veille à l'instruction et à la santé de ses premières années dans les usines et les manufactures, jusqu'à celle qui garantit à sa vieillesse le bénéfice de ses économies... En étudiant ce petit livre, où l'auteur, qui a tant de droits à dire son avis, n'a voulu qu'exposer les faits et les lois sans les juger, les hommes qui cherchent le bien et désirent la vérité pourront se rendre compte de la réalité des choses, trop souvent obscurcie par l'esprit de parti... Mais le livre de M. Audiganne s'adresse et profitera surtout aux ouvriers. Puisse-t-il devenir le compagnon de leurs travaux et le conseil de toute leur vie ! Ils y trouveraient un guide qui leur épargnerait bien des chutes et bien des fausses routes, un avocat qui les sauverait de beaucoup de procès, et surtout un ami qui, sans les flatter d'illusions vaines et fatales, leur ferait comprendre qu'il y a quelque chose de plus dans leurs œuvres que le salaire, et leur dirait tout ce que Dieu a mis de grandeur, de moralité et de dignité dans le travail. »

M. Michel CHEVALIER, de l'Institut (*Journal des Débats*, 25 août 1851) :

... « Dans cet ouvrage, une suite d'entretiens familiers, d'une grande lucidité, d'une parfaite exactitude, font connaître à l'ouvrier tout ce qui, dans nos lois, a plus particulièrement trait à sa position... C'est donc un manuel complet pour l'ouvrier. Notre système d'éducation publique sera incomplet tant qu'il répandra dans la société des générations étrangères à la vie réelle. Un livre comme celui de M. Audiganne est de nature à remédier à cette imperfection de l'enseignement à l'égard des ouvriers. En cela, l'auteur a droit à la reconnaissance publique. Un autre caractère, qui plaira dans le livre de M. Audiganne, consiste en ce que l'homme qui l'aura lu, quel qu'il soit, ouvrier ou patron, y aura puisé un véritable sentiment de dignité. L'ouvrier sortira de cette lecture, grandi à ses propres yeux. C'est que l'auteur est lui-même plein du sentiment de la dignité du travail, car il le sème autour de lui, il le verse dans l'âme du lecteur... Nous concluons en signalant ce petit volume comme une des publications les plus utiles qui aient été faites dans ces derniers temps, comme une de celles qu'il faudrait le plus lire et faire lire. »

M. Henri de Riancey (*Ami de la Religion*, 15 octobre 1850) :

« Ce livre a réalisé sa devise *être utile* : utile dans le sens moral comme dans le sens matériel; utile à l'âme, à l'esprit, à l'intelligence, aux mœurs, aussi bien qu'utile au travail, à l'intérêt, à la fortune de l'ouvrier... Pour le caractériser en un mot, je dirais volontiers que c'est l'utile écrit sous la dictée de l'honnête. »

M. Blaise (des Vosges) (*Journal des Économistes*, 15 mars 1851) :

... « Le manuel des *Ouvriers en famille* est le meilleur catéchisme élémentaire de législation industrielle que nous connaissions. Par sa forme, par les notions exactes qu'il renferme, par les excellents conseils qu'il donne aux ouvriers, il est appelé à rendre, à ceux-ci et à la société, de véritables services. En Angleterre ou en Amérique, un pareil traité serait tiré à grand nombre et propagé rapidement parmi les classes laborieuses, par le soin des sociétés qui s'occupent de la réforme et de l'amélioration du sort des ouvriers... »

M. J. Burat (*Constitutionnel*, 15 mars 1851) :

... « Puissent les ouvriers lire souvent ce petit manuel et le prendre pour guide; ils y trouveront toute espèce de profit; ils connaîtront exactement les choses qui les touchent de plus près. Ils sauront discerner les limites de leurs droits et de leurs devoirs, et apprécier les garanties que la loi leur assure... »

M. Louis Jourdan (*Siècle*, 20 juin 1859) :

« M. Audiganne vient de publier une nouvelle édition d'un petit livre dont nous avons précédemment parlé[1] : les *Ouvriers en famille*. C'est un recueil d'entretiens simples et familiers sur les divers sujets qui intéressent les travailleurs. Cette série de petits traités élémentaires peut rendre d'utiles services à la classe intéressante dont M. Audiganne prend très-heureusement souci. Avec ce manuel en poche, l'ouvrier peut à chaque instant s'éclairer sur ses droits et sur ses devoirs... Nous ne devons pas oublier de dire que M. Audiganne a augmenté son livre d'un manuel des sociétés de secours mutuels et de la caisse des retraites. Il est inutile d'ajouter combien ces renseignements peuvent être précieux aux ouvriers des villes et campagnes, qui ignorent pour la plupart les avantages que leur offrent les institutions de prévoyance destinées à modifier, dans un avenir prochain, les conditions d'existence de la classe laborieuse. »

M. Émile Bères (*Moniteur universel*, 11 novembre 1850) :

« Notre littérature populaire vient de s'enrichir d'un excellent petit livre. Personne mieux que M. Audiganne, par ses rapports habituels et obligés avec les hommes de la grande industrie, n'était à même de traiter cet intéressant sujet. La manière claire, précise, animée de l'auteur, ne fait qu'ajouter au mérite du livre que nous recommandons d'une manière toute particulière... Ce genre d'ouvrage est fort répandu en Angleterre. Lord Brougham et quelques autres savants publicistes ont mis un grand zèle et leur sincère patriotisme à les multiplier sous toutes les formes[2]. »

Il serait facile de multiplier ces citations. Obligé de se borner, l'éditeur regrette de ne pouvoir que mentionner les opinions exprimées encore : dans le *Moniteur*

---

[1] *Siècle*, 18 août 1852.

[2] Le recueil intitulé *Bibliographie catholique*, dans sa livraison du mois de mai 1852, p. 521, terminait un article sur les *Ouvriers en fa-*

universel, par M. A. Grün ; le *Manuel de l'Instruction primaire*, par M. Salmon (de la Meuse); l'*Union*, par M. Moreau ; le *Pays*, par M. P. Duplan; l'*Univers*, par M. Alexis Chevalier ; le *Bulletin de la Société pour l'Instruction élémentaire*, le *Journal des Instituteurs*, les *Annales de l'Agriculture*, le *Bulletin des Sociétés de secours mutuels*, et dans plus de cent journaux des départements.

Nous devons nous borner à rappeler ici la distinction decernée aux OUVRIERS EN FAMILLE par l'Académie française et l'éloquent rapport de M. Villemain, à la séance du 28 août 1851. M. Villemain a appelé ce livre *une œuvre facile d'un homme de haute expérience, traitant des intérêts qu'il étudie par goût et par devoir.... jetant avec simplicité quelques résultats de sa science positive et de ses observations sur le mouvement du travail et sur le sort des ouvriers.*

M. Dupin aîné, présidant la séance annuelle de la *Société pour l'Instruction élémentaire de Paris* (15 juin 1851), n'a pas été moins expressif dans son approbation. La seule grande médaille que la Société ait donnée cette année-là, elle l'a décernée aux *Ouvriers en famille*.

Le même ouvrage a été couronné par la *Société nationale d'encouragement au bien*. Il a été approuvé par la *Société des publications populaires* et par la *Société Franklin*. Il est adopté pour les Bibliothèques scolaires.

---

mille par ces mots : « Nous conseillerons donc volontiers cet opuscule à tous les travailleurs, comme le manuel de leurs devoirs et de leurs droits dans les diverses relations de leur vie laborieuse. Nous le conseillerons même aux personnes influentes, aux curés qui habitent au milieu des populations ouvrières : ils y puiseront plus d'un bon conseil à donner en maintes circonstances, plus d'un moyen d'amener les contestations d'ouvrier à patron ou des ouvriers entre eux à un dénoûment pacifique. »

NOTE PRÉLIMINAIRE

Je m'étais rendu, il y a quelques mois, dans une usine du département de la Seine-Inférieure, pour assister à une fête patronale qui s'y célèbre chaque année avec un certain éclat. J'y trouvai, en arrivant, les préparatifs de réjouissance changés en signes de deuil. Un des ouvriers les plus anciens et les plus estimés de l'établissement avait été tué la veille par l'explosion d'une chaudière à vapeur.

Ce brave homme, nommé Nogaret, qui avait servi pendant dix-huit ans dans la marine nationale, était entré en 1829 dans cet établissement, où il demeura jusqu'à sa mort. Il est difficile dans une existence modeste de rendre plus de services qu'il n'en avait rendu. Doué d'une conception vive et d'une excellente mémoire, Nogaret possédait des connaissances étendues pour son état. Il avait toujours beaucoup aimé à lire et à étudier; il s'était particulièrement appliqué à apprendre quelles sont les obligations auxquelles la loi astreint les ouvriers, et quels sont les droits qu'elle leur confère. Il avait, sur les rapports de l'ouvrier avec son patron, des idées très-nettes que caractérisait un esprit d'inaltérable droiture. Aussi le consultait-on dans sa commune sur toutes les difficultés relatives au régime du travail. A lui tout seul, Nogaret formait un conseil de prud'hommes, dont les décisions étaient toujours respectueusement acceptées. D'un caractère naturellement assez fier, jamais sa fierté ne nuisit à la déférence qu'il avait pour ses chefs. Il mettait sa dignité à remplir exactement son devoir envers eux, et le sentiment religieux fortifiait la scrupuleuse fidélité de sa conduite.

Lorsqu'une loi vint, en 1841, rendre obligatoire l'instruction des jeunes enfants employés dans les manufactures, l'ancien marin, à défaut d'instituteur, s'était volontiers chargé de faire la classe aux enfants. On était surpris de voir combien il savait plier à ce nouveau rôle ses habitudes un peu brusques. Ses leçons simples, patientes, captivaient sans effort l'attention de ses élèves.

Le rôle de Nogaret comme instituteur s'était insensiblement accru. A la prière de ses compagnons de travail, Nogaret avait consenti à leur exposer les règles qui président aux relations de l'ouvrier avec le patron qui l'emploie. Telle fut la matière d'un enseignement qui se donnait sans apprêt, une ou deux fois la semaine, pendant les heures de repos, et qui durait tout au plus quinze ou vingt minutes. La leçon avait lieu ordinairement en plein air, dans la cour de la fabrique, sous un groupe de marronniers. Durant les fréquentes visites que je faisais à l'établissement, je ne manquais jamais de venir écouter ces petits discours si naturels et si sensés. Maintenant que cet orateur ignoré ne doit plus

se faire entendre à ses camarades, je cherche à reproduire ici ses enseignements. Je me suis inspiré de sa
pensée : « Il faudrait, disait-il, que chaque ouvrier pût
être son propre avocat. » J'ai essayé de mettre les lois
sur le régime du travail à la portée de tous ceux qu'elles
concernent. Puissent-ils trouver dans ce petit ouvrage
un guide qui leur soit utile ! Je dédie ce livre à la mémoire honorée du brave ouvrier qui le premier en avait
conçu le plan.

A. A.

Paris, le 10 août 1850.

OUVRIERS EN FAMILLE

PREMIER ENTRETIEN.

Sur l'état d'ouvrier et sur les connaissances les plus utiles au travailleur.

Je ne demande pas mieux, mes amis, que de vous apprendre ce que je sais. Ce ne sera ni bien long ni bien difficile. Vous me croyez plus savant que je ne le suis. Je m'en vais vous dire pourquoi : c'est que vous ignorez vous-mêmes les choses qui vous touchent de plus près. Vous ne connaissez pas, ou du moins vous ne connaissez que très-obscurément, vos droits et vos devoirs comme ouvriers. Au moindre embarras, vous croyez tout perdu; vos intérêts sont souvent livrés au hasard, à une routine aveugle : vous ne pouvez pas toujours vous rendre compte des conséquences de vos actes. Vous avez bien senti vous-mêmes les suites funestes de cette ignorance, puisque vous avez si vivement exprimé le désir de vous instruire.

Notre vie presque tout entière se passe au travail; dans chacun des actes de notre carrière laborieuse, nous nous trouvons en rapport avec ceux qui nous emploient, et avec lesquels notre intérêt comme notre devoir nous commande de vivre en bonne harmonie. De quelle importance n'est-il pas pour nous de savoir comment nous conduire dans ces relations journalières, continuelles?

Quel avantage n'avons-nous pas à connaître les limites de nos devoirs et de nos droits, avec les garanties que la loi nous offre? Voilà ce que je veux essayer de vous apprendre, afin que vous sachiez toujours agir de la manière à la fois la plus honnête et la plus profitable pour vous.

Comme enfants de la même patrie, tous les citoyens sont soumis aux mêmes lois politiques et sociales ; mais tous, suivant leur état, sont assujettis, en outre, à quelques règles particulières qu'il ne leur est pas permis d'ignorer. Regardez autour de vous ; voyez comment les devoirs imposés par la loi varient suivant les situations. Les devoirs de M. le curé ne sont pas pareils à ceux du médecin de notre village. L'un et l'autre ont des actes à faire, des formalités à remplir dans telle ou telle circonstance ; ils se compromettent, ils s'exposent à être frappés d'une peine, s'ils s'écartent des dispositions légales qui les concernent. Magistrats, avocats, commerçants, entrepreneurs d'industrie, ouvriers, soldats, etc., ont également une ligne à suivre et des devoirs particuliers à remplir. Ainsi, chaque profession a ses lois spéciales.

Savez-vous, mes amis, pourquoi le développement de notre activité, sous une forme quelconque, trouve des conditions qui s'imposent à chacun de nous? C'est que tous, dans notre sphère, quelle que soit notre occupation, nous remplissons une fonction sociale. Une fonction sociale? Je m'aperçois que votre regard m'interroge sur le véritable sens de ce mot. L'explication sera bien simple. En disant que nous remplissons une fonction sociale, je veux vous faire entendre que nos travaux se rapportent à la société même, à la nation dont nous sommes les membres. C'est à cause de cela que l'exercice de notre activité est soumis à des règles. Si nos actes se rapportaient exclusivement à nous-mêmes, ils échapperaient aux lois humaines. Tenez, prenons un exemple pour rendre l'explication plus claire. Vous connaissez tous l'apothicaire qui demeure près de l'église : allez lui demander de vous vendre de l'arsenic ; il vous répondra qu'une des lois particulières à sa profession le lui interdit. Pourquoi? Est-il donc légitime d'empêcher un homme de vendre ce qu'il veut et de tirer parti de son industrie? Oui, sans doute, direz-vous tous, parce que la vente des poisons, faite sans règles et sans garanties, peut offrir les plus grands dangers. C'est de là, en effet, que vient l'interdiction : l'industrie du pharmacien, de même que toute autre, ne se rapporte pas seulement à celui qui l'exerce, elle l'oblige inévitablement à se mettre en relation avec d'autres membres de la société.

J'ai voulu, mes enfants, vous indiquer où était la source des lois particulières à telle ou telle profession. Cette source est donc dans les rapports que chaque profession établit entre les individus. Les conditions qui nous sont imposées, aussi bien que les garanties qui nous sont données par les lois, dérivent de la même origine. Se soumettre aux lois de son état, savoir les respecter et s'en servir, tel est le devoir et l'intérêt bien entendu de chaque homme. On doit respecter ces lois, même quand on ne les croit pas parfaites ; à mesure que l'expérience en démontre les défauts, nous voyons qu'elles sont peu à peu modifiées, et quand elles le sont dans un sens que nous croyons meilleur, nous avons parfois à demander le même respect à des hommes qui n'approuvent pas le changement opéré. Comme ouvriers, nous avons un petit code à connaître et à observer. Il ne s'agit pas pour nous d'en signaler le fort et le faible, d'en rechercher les parties qui peuvent encore avoir besoin d'être ou rectifiées, ou remaniées, ou complétées. Notre but est plus modeste. Nous voulons étudier ensemble, en dehors de toute préoccupation étrangère à nos intérêts, le régime sous lequel nous sommes placés et les obligations qui en résultent pour l'ouvrier dans toutes les relations de sa vie laborieuse. Quelque jugement qu'on se forme sur le régime actuel du travail, il importe toujours de le connaître, puisqu'il existe et qu'il touche gravement à notre sort. Je ne m'interdis pas de me répéter quelquefois à ce sujet, afin que le but où nous tendons soit toujours présent à nos yeux.

Pour aujourd'hui, restons-en là; la cloche qui nous appelle à l'atelier va sonner. Songez souvent que tout travail est une fonction sociale, soumis à ce titre à des lois particulières, et que l'homme s'honore en s'en acquittant dignement.

DEUXIÈME ENTRETIEN.

Sur la situation relative de l'ouvrier et du patron, et sur les obligations générales qui en résultent.

Mes amis, nos relations les plus fréquentes ayant lieu avec ceux qui nous emploient, il y a bien pour nous quelque intérêt à savoir quelle est la vraie situation de l'ouvrier à l'égard de son patron. Rien de plus simple à déterminer, au moins d'une manière générale. L'ouvrier et le patron sont deux parties entre lesquelles une convention est intervenue. L'un s'est engagé à donner son travail, l'autre une certaine rétribution. L'ouvrier est donc partie dans un contrat : son devoir est de remplir de son mieux l'obligation qu'il a prise. De même que l'avocat met sa gloire à bien défendre ses clients, le médecin à guérir ses malades, le soldat à vaincre ou à mourir sur le champ de bataille, le prêtre à guider les âmes dans le chemin de la vertu, nous autres, nous mettons notre honneur à bien faire notre travail. Nous devons de plus à nos patrons cette déférence qui est une condition de succès dans l'atelier, tout comme la discipline est une condition de succès dans une armée. A chacun sa tâche dans le monde. Il peut y en avoir de plus rudes les unes que les autres, mais toutes concourent en diverses façons au développement et à l'amélioration de la vie sociale.

L'ouvrier, mes amis, rétrécirait lui-même sa sphère et abaisserait son état, s'il ne voyait que l'œuvre exécutée et le salaire reçu. Ses engagements envers son patron, qui peuvent sembler au premier abord n'intéresser que deux personnes, ont une portée plus haute et plus générale. Un soldat en face de l'ennemi doit-il restreindre le combat aux proportions d'une lutte individuelle? Évidemment non ; sa pensée serait vulgaire s'il ne sentait pas qu'au-dessus d'un champ de bataille plane le grand intérêt de la patrie. Le travail aussi est un combat contre les forces rebelles de la nature physique; il faut les infatigables efforts de l'homme pour courber le monde extérieur sous sa domination victorieuse. Que de sueurs répandues, que de labeurs supportés pour extraire les minéraux des entrailles de la terre, pour forger le fer et le plier à tous nos usages, pour arracher à certaines plantes des filaments qui se transforment en tissus, pour approprier à nos besoins les productions du sol et la dépouille des animaux, pour asservir à nos volontés la vapeur emprisonnée et nous jouer avec son aide de l'espace et des éléments ! Chaque effort individuel remplit un rôle dans cet immense triomphe ; chaque œuvre qui sort de nos mains représente une partie de la victoire.

C'est la réunion de nos travaux isolés qui forme aussi la production industrielle de notre pays. L'industrie française considérée séparément, en face de celle des peuples étrangers, a sa cause à soutenir dans le monde, et nous sommes les soldats du travail national.

A ce point de vue, qui est le véritable, le labeur industriel se rehausse, et les perspectives s'élargissent devant l'ouvrier. Que de stimulants pour notre activité ! Notre intérêt le plus évident, celui d'être employé ; notre devoir d'honnête homme, qui consiste à satisfaire à nos obligations ; notre devoir de citoyen, qui consiste à servir notre pays dans la limite de nos forces, s'unissent alors pour nous commander le soin, l'application et la fidélité dans l'exécution de notre ouvrage.

Mais si nous avons des devoirs, nous avons aussi des droits. Notre droit naît de la même source que notre devoir, de la convention passée entre nous et le patron, ou mieux encore du concours que nous avons prêté à ce dernier. Tout travail appelle, en effet, une rétribution proportionnée à ses résultats. Un engagement doit être également exécuté par tous ceux qui l'ont pris. Nous nous trouvons placés ici sous l'égide du principe général : les conventions légalement formées tiennent lieu de loi à ceux qui les ont faites. La loi nous garantit le fidèle et entier accomplissement de l'obligation contractée envers nous. Elle sanctionne l'engagement réciproque de l'ouvrier et du patron. Voilà son rôle. La législation ne va pas plus loin ; elle n'intervient point dans le règlement du prix du travail ; elle pose des principes, et laisse ensuite aux patrons et aux ouvriers le soin de discuter eux-mêmes leurs intérêts et de stipuler les conditions de leur accord.

Comprenez bien le système de notre droit industriel : la liberté du travail en est la base ; c'est la pierre qui supporte tout l'édifice ; chacun dispose de soi comme il l'entend, et chacun défend ses intérêts comme il le peut. Cependant la liberté n'est pas tout à fait sans limites. Il s'est produit dans le sens de la limitation un mouvement d'idées assez considérable, depuis que le principe de l'affranchissement du travail a pris place dans nos lois. Juste et salutaire réaction contre les servitudes que l'industrie avait subies sous le régime exclusif des corporations dégénérées, la liberté fut d'abord absolue. J'aurai occasion de vous expliquer par quelle suite de faits elle a été plus tard subordonnée, sous certains rapports, à diverses conditions. Pour le moment, nous nous contentons de prendre note que des limites existent. Ainsi, la loi sur le travail des enfants dans les manufactures, celle sur la durée du travail des adultes, sont venues mettre des bornes à la liberté. Je m'exprime mal : ces digues ont été élevées contre les excès de la liberté, contre des abus dont l'expérience avait fait constater les suites déplorables. Sans chercher à prévoir ici les transformations que l'ordre industriel peut subir, il n'est pas douteux que, tout en respectant le libre exercice de l'activité individuelle, les lois pourront imposer encore des règles à la liberté du travail. Cette liberté est un bien tellement précieux, qu'il importe de la régler de manière à ce que chacun puisse en profiter.

En résumé, mes amis, le travail est placé, en France, sous le régime de la liberté, mais avec quelques restrictions. Vous verrez, à mesure que nous avancerons, quelles sont les dispositions particulières qui découlent du principe général, quelles sont les exceptions qui y ont été faites et quel a été le motif de ces exceptions. Avant tout, il nous fallait connaître le terrain sur lequel nous marchons ; il nous fallait connaître le principe légal qui domine tous les arrangements que nous pouvons prendre avec nos patrons. C'est à nous, je le répète, à veiller sur nos intérêts ; la convention qui intervient forme la mesure de notre droit. Dans notre prochain entretien, nous aborderons les premières phases de notre vie d'ouvrier.

TROISIÈME ENTRETIEN.

Sur le travail des enfants dans les manufactures.

Origine et principes de la législation relative à cet objet.

Nos enfants commencent a se trouver en rapport avec un patron quand ils vont travailler dans une fabrique ou quand ils entrent en apprentissage. C'est là, mes amis, le début ordinaire de la vie laborieuse. L'enfant d'un ouvrier passe en général par l'une ou par l'autre de ces deux situations ; je les ai traversées toutes les deux ; j'ai travaillé ensuite comme ouvrier jusqu'à vingt ans ; ma carrière industrielle a été alors interrompue par l'appel au service militaire, et, bien que mon travail antérieur ne semblât guère m'y disposer, je fus envoyé dans la marine, où je suis resté, comme vous me l'avez entendu dire plus d'une fois, dix-huit années. Si je m'abandon-

nais à m   ouvenirs, je me laisserais aller volontiers à
vous par   de ce temps-là, qui ne fut ni sans rigueurs
ni sans c   rmes ; mais l'objet de nos entretiens me rappelle vei   s temps plus tranquilles de mon apprentissage.

Mon   e, qui voulait me faire apprendre un état,
tenait b   coup à laisser mon inclination se révéler
librement   Il se bornait à m'adresser de temps en temps
quelque   uestions sur ce sujet, et à me fournir ainsi l'occasion   réfléchir aux avantages et aux inconvénients
de tel ou   l état. Il avait bien songé pour moi au métier
de charp   ier, qui était le sien, et qui, en exigeant tout
à la fois   e grande force corporelle et une grande justesse de   ip d'œil, occupe un si beau rang parmi les
professic   laborieuses. Mais ce travail ne me plaisait
guère. D   s mon plus jeune âge, j'avais vu rapporter
mon pau   père grièvement blessé par la chute d'une
poutre ; je he rappelais les inquiétudes de ma mère, et
il m'était resté de ce souvenir un vrai dégoût pour le
métier paternel. Ce n'était pas le danger que je redou-
tais, c'étaient des larmes comme celles que j'avais vu
répandre. Je m'étais prononcé pour l'état de serrurier ;
mon père ne refusait pas son consentement ; il y mit
toutefois une condition : « Il faut que tu connaisses, me
dit-il un jour, ce que c'est que le travail avant d'aller
engager ainsi ton avenir. Tu as onze ans ; tu sors de
l'école sachant lire et écrire ; tu attendras encore une
année avant d'entrer en apprentissage. Nous avons près
d'ici une fabrique de fil de laiton ; tu iras y prendre une
idée du travail manuel. Après cela tu seras serrurier, si
tu persistes à le vouloir. »

Cette décision me combla de joie ; je me rappellerai

toute ma vie le jour où je franchis pour la première fois le seuil de l'atelier ; c'était pour moi un jour de fête. La veille, ma mère m'avait conduit à l'église, afin d'appeler sur mon début dans la carrière laborieuse la bénédiction de Dieu. En pensant que j'allais travailler et recevoir un petit salaire, je me trouvais rehaussé devant mes propres yeux, je me croyais presque un homme. Je pourrai donc, me disais-je, porter chaque semaine mon gain entre les mains de ma mère, et contribuer ainsi à soutenir des charges qu'une nombreuse famille rend si lourdes pour mon père. Ce que mon cœur me criait alors, la réflexion l'a confirmé depuis. Un des plus grands bonheurs de la vie, c'est bien de pouvoir reconnaître les services que nous avons reçus autour du foyer domestique ! Quelle joie n'y a-t-il pas à aider un peu ceux qui nous ont donné les soins si longs et si divers que réclama notre enfance ! Tenez, mes amis, je veux vous ouvrir mon âme : je ne me suis jamais consolé de la mort de ma mère. Je songe encore au jour où je reçus, bien loin de mon pays, sous un ciel étranger, cette épouvantable nouvelle. Combien j'aurais souhaité d'être au matin d'une bataille ! combien j'appelais de mes vœux le boulet de canon qui m'aurait emporté dans un autre monde ! Une pensée, une seule, adoucissait un peu ma profonde tristesse, me relevait un peu de mon accablement : c'était la conscience de m'être toujours efforcé de remplir mon devoir filial.

Je reviens à la fabrique où commence ma vie d'ouvrier. L'année que j'y passai s'écoula fort tranquillement pour moi. Six autres enfants de mon âge étaient occupés dans l'établissement. Je savais seul lire et écrire ; mes camarades ne pensaient même pas à l'instruction élémentaire, et personne n'y songeait pour eux. Nos enfants sont aujourd'hui dans des conditions plus satisfaisantes. Bien qu'elle soit encore trop répandue, la grossière ignorance a perdu de son terrain, et elle en perdra chaque jour davantage.

A l'époque dont je vous parle, il n'y avait pas de loi sur le travail des enfants dans les manufactures. Celle qui existe maintenant, et qui est affichée à deux pas d'ici sur les murs de l'atelier, ne date, vous le savez, que de l'année 1841. A part le défaut presque absolu de toute instruction parmi les enfants, les divers abus qui ont motivé les dispositions légales en vigueur aujourd'hui ne s'étaient pas encore produits, au moins d'une manière sensible. La France comptait alors peu de grandes manufactures. L'industrie du coton, par exemple, une de celles dont le régime a soulevé le plus de plaintes, était bien loin du développement qu'elle a pris et qui l'a véritablement transformée [1]. Dans toutes les fabrications, la concurrence était infiniment moins âpre. Les grands appareils mécaniques, ce magnifique triomphe de l'intelligence humaine. qui adoucissent en définitive le travail de l'ouvrier, mais dont les premières applications devaient infailliblement entraîner des désordres, n'avaient pas encore changé la face de l'industrie.

Quand les machines envahirent les ateliers, on ne fit pas d'abord assez attention à ce que l'homme ne pouvait suivre dans son cours cette force nouvelle et infatigable. Comme on était libre d'en prolonger à son gré la durée, on prolongea la durée du travail de l'ouvrier. Les

---

[1] En 1820, les cotons importés en France étaient évalués à trente-six millions de francs; en 1840, au moment où l'on discutait la loi sur le travail des enfants, à quatre-vingt-quatorze millions.

appareils mécaniques, qui rendaient la force matérielle moins nécessaire, avaient fait aux enfants une place plus large dans les manufactures. Pour eux aussi, les journées prirent des proportions excessives. On en voyait, dès l'âge de six à huit ans, occupés pendant quatorze et quinze heures autour d'un métier. Des cris s'élevèrent contre ces abus, qui arrachaient de trop bonne heure les enfants à la vie de la famille, énervaient souvent le germe de leurs forces physiques, et rendaient impossible cette instruction élémentaire dont chacun appréciait enfin l'importance. L'immense majorité des fabricants reconnaissait d'ailleurs l'impérieuse nécessité d'une règle uniforme. Qu'un seul manufacturier spéculât sur le travail exagéré des enfants, et toutes les fabriques rivales étaient forcées, pour soutenir la concurrence, d'imiter son exemple et d'avoir recours aux mêmes moyens. On fut donc obligé de mettre un frein à une exploitation aussi abusive. Voilà une de ces limitations apportées à la liberté absolue du travail dont je vous parlais dans notre dernier entretien. Vous voyez, mes amis, quelle a été l'origine et quelles sont les intentions de la loi. Je vous laisserai le temps d'y réfléchir, et je me réserverai de causer avec vous, un autre jour, des conditions qu'elle impose.

QUATRIÈME ENTRETIEN.

Sur le travail des enfants dans les manufactures. (Suite.)
Conditions imposées.

Deux grandes catégories d'établissements industriels sont atteintes par la loi sur le travail des enfants : 1° les manufactures, usines et fabriques à moteur mécanique ou à feu continu, et leurs dépendances ; 2° les fabriques occupant plus de vingt ouvriers réunis en atelier. En faisant la classe aux enfants de cette usine, je leur parle de temps en temps des dispositions qui les concernent, afin qu'ils sachent de bonne heure que toutes les situations sont soumises à des lois spéciales et protégées par ces lois. Nous allons juger ensemble s'ils ont profité de mes leçons. Georges, réponds-moi : « A quel âge un enfant peut-il être admis dans une manufacture?

— A huit ans, et pas auparavant.

— Jusqu'à quel âge son travail est-il soumis à des conditions distinctes de celles des autres ouvriers?

— Jusqu'à seize ans.

— C'est bien. La loi dont nous parlons embrasse, en effet, cet espace de la vie qui s'étend depuis l'âge de huit ans jusqu'à l'âge de seize ans accomplis. Poursuivons : Combien de temps un enfant peut-il travailler par jour?

— Cela dépend : huit heures, de huit à douze ans, et douze heures, de douze à seize [1].

— Et la nuit?

— Oh ! la nuit, je sais encore cela : le travail de nuit, c'est-à-dire le travail compris entre neuf heures du soir et cinq heures du matin, est absolument interdit pour les enfants au-dessous de seize ans. Après cet âge, on peut être employé la nuit, mais seulement dans les établissements à feu continu, ou lorsqu'il s'agit de répara-

[1] La loi du 9 septembre 1848 ayant fixé à douze heures pour les adultes le maximum de la durée du travail quotidien dans les manufactures et usines, la limitation de la loi de 1841 est commune aujourd'hui à tous les ouvriers occupés dans les établissements dont il s'agit.

2.

tions urgentes ou bien de travaux interrompus par le chômage d'une machine placée sur un cours d'eau. Mais, dans ces cas-là, deux heures de travail de nuit sont comptées pour trois, et huit pour douze.

— Parfaitement. Voyons si notre ami Joseph aura une aussi bonne mémoire. Les enfants peuvent-ils travailler tous les jours? Tu ne dois pas avoir oublié cela.

— Non; le travail est interdit les dimanches et jours de fête.

— Et l'école? Sais-tu ce que la loi en dit?

— Oui; les parents doivent justifier que l'enfant âgé de moins de douze ans fréquente une école publique ou une école privée comme celle que nous avons ici; mais, après douze ans, les enfants sont dispensés de suivre une école s'ils produisent un certificat du maire attestant qu'ils ont reçu l'instruction primaire. »

Nos enfants, vous le voyez, mes amis, sont au courant des dispositions qui les concernent. Les parents doivent se rappeler aussi, à plus forte raison, toutes les prescriptions légales. Qu'ils n'oublient pas, par exemple, que l'âge des enfants est constaté par un certificat délivré à la mairie sur papier non timbré et sans frais. Quant au livret que les maires sont tenus de remettre aux enfants, quelquefois les conseils municipaux en font la dépense, quelquefois, comme ici, le chef d'établissement consent à la prendre à sa charge. A défaut de mesures pareilles, si dignes d'être encouragées, mais qui restent toutes volontaires, les parents doivent rembourser la faible somme de vingt-cinq centimes, prix ordinaire du livret. On inscrit sur ce petit livre l'âge, le nom, les prénoms, le lieu de naissance, le domicile de l'enfant, et le temps durant lequel il a pu suivre une école. Le chef de la fabrique y ajoute la date de l'entrée de l'enfant dans l'établissement, et, plus tard, la date de la sortie. Il porte les mêmes mentions sur un registre spécial.

Voilà, mes amis, tout ce qui vous regarde directement dans la loi sur le travail des enfants. Je me contente de vous dire que le gouvernement doit établir des inspections, que la loi doit être affichée dans chaque atelier, que des mesures doivent être prises pour assurer les conditions de sûreté et de salubrité dans les fabriques. Ces dispositions, dont l'effet se rapporte à nos enfants, ne dépendent, pour l'exécution, que de l'autorité publique ou des chefs d'établissement. Mais il y a quelques autres prescriptions légales qui peuvent sembler vous être étrangères, et dans l'application desquelles vous vous trouvez cependant, par la force même des choses, avoir une très-large part : je veux parler des mesures qui sont recommandées pour assurer dans les manufactures le maintien des bonnes mœurs et de la décence publique, l'enseignement religieux aussi bien que l'enseignement primaire, enfin pour empêcher tout mauvais traitement à l'égard des enfants.

Les mauvais exemples, l'ignorance et la brutalité, ce sont peut-être là les trois causes qui agissent le plus déplorablement sur l'enfance, et peuvent entraîner, pour toute la vie d'un ouvrier, les suites les plus funestes. Parents des enfants, ouvriers des fabriques occupés auprès d'eux, quel est donc notre devoir? En ce qui regarde nos propres enfants, nous devons évidemment prendre un soin particulier d'assurer le développement de leur intelligence par l'instruction religieuse et primaire, et nous associer à tous les efforts qui tendent à ce but. Quant aux enfants qui travaillent avec nous, nous devons éviter en leur présence toute parole, tout acte qui pourrait être pour eux un sujet de scandale, de même que toutes les brutalités qui aigrissent les caractères, et flétrissent quelquefois les âmes. Un ancien marin comme moi est disposé à une certaine indulgence pour de simples oublis de langage et pour les fautes qui n'offensent ni la morale ni l'honneur ; mais, vous le savez bien, je me suis toujours senti inexorable pour tous les mauvais exemples donnés aux enfants ou tous les mauvais traitements exercés contre eux.

Les chefs d'établissement qui violent les dispositions de la loi ou les laissent violer dans leurs ateliers sont traduits devant le juge de paix du canton, et punis d'une amende de simple police qui ne peut excéder 15 francs. Les contraventions qui résultent, soit de l'admission d'enfants au-dessous de l'âge fixé, soit de l'excès de travail, donnent lieu à autant d'amendes qu'il y a d'enfants indûment admis ou employés, sans que ces amendes réunies puissent s'élever au-dessus de 200 francs. S'il y a récidive, les propriétaires des manufactures sont traduits devant le tribunal de police correctionnelle, et condamnés à une amende de 16 à 100 francs. Dans le cas où il y aurait lieu à cumuler ici les amendes, parce que le délit s'appliquerait à plusieurs enfants, la somme totale ne peut dépasser 500 francs. L'exécution de la loi se trouve donc placée tout entière sous la responsabilité des patrons. C'est à eux de veiller à ce que les dispositions prescrites soient exactement observées dans leur établissement. Nous devons, pour notre part, y apporter un esprit de conduite propre à faciliter l'accomplissement d'une œuvre de haute moralité.

En résumé, ce que la loi prescrit, soit aux parents des

enfants, soit aux manufacturiers, la nature l'avait dit
avant elle. L'enfant a besoin d'air, de mouvement et de
distraction pour grandir et se développer. S'il est bien
qu'il prenne de bonne heure l'habitude du travail, il
n'est pas moins essentiel que la source de ses forces ne
soit pas tarie par un travail excessif et prématuré; c'est
d'ailleurs à ce moment de la vie que les enseignements
religieux, que les principes moraux, que toutes les connaissances si utiles à la conduite de l'homme se gravent
le mieux dans la mémoire. L'âme se forme et s'élève en
même temps que le corps. Pour recevoir ces leçons,
acquérir ces connaissances, il faut du temps; il faut que
l'enfant ne soit pas renfermé de trop bonne heure ni
trop longtemps dans les murs d'une fabrique, et qu'au
travail manuel on sache associer le développement de
l'esprit et l'éducation du cœur. La loi, sans doute, peut
quelque chose pour faciliter ces résultats si précieux,
mais nous pouvons encore plus qu'elle. C'est à nous,
mes amis, de seconder sa pensée selon l'étendue de nos
moyens. Son rôle à elle ne consiste pas à tenir lieu de la
vigilance d'un père ou d'une mère, dont rien au monde
ne saurait remplacer la salutaire influence; il consiste
plutôt à empêcher que les soins paternels ne soient para-
lysés par des circonstances extérieures plus puissantes
que nous [1].

[1] Sur les résultats matériels et moraux de la loi du 22 mars 1841,
voir notre livre les *Populations ouvrières de la France,* t. II, p. 284
et suiv.

CINQUIÈME ENTRETIEN.

Sur l'apprentissage.

Des précautions à prendre et des formes à suivre dans les conventions relatives à cet objet.

Entrer en apprentissage, c'est engager sa vie ; d'un bon apprentissage dépend, vous le savez, mes amis, l'avenir d'un ouvrier. Lorsque nous faisons faire à nos enfants ce premier pas dans la voie du travail, nous assumons sur nous-mêmes une grande responsabilité morale. Par nos conseils, par le prudent usage de notre influence, par le soin que nous mettons à consulter les goûts d'un enfant, et à bien choisir ensuite le patron qui se chargera de lui apprendre un métier, nous pouvons entourer l'apprentissage des garanties de succès les plus rassurantes. Toute précipitation, toute légèreté, toute contrainte de notre part, peuvent entraîner au contraire les conséquences les plus désastreuses.

Tel enfant entrait avec les meilleures dispositions dans la carrière laborieuse, et le voilà découragé par des travaux qui répugnent à ses instincts, à son aptitude intellectuelle ou physique. Tel autre, dont l'esprit est lent, a besoin d'une main patiente qui lui signale les difficultés et lui laisse le temps de se reconnaître. Pour tous, à cet âge, où les impressions reçues du dehors s'insinuent si facilement et si profondément dans l'âme, il est du plus grand intérêt de ne pas trouver dans la maison où ils sont placés des exemples qui puissent les éloigner du bien et les entraîner au vice. Les actes ou seulement le langage du maître exercent une influence incalculable sur des sentiments qui ne sont pas encore formés. En même temps qu'il apprend un métier, l'apprenti reçoit, sans y penser, un enseignement moral dont s'imbibe incessamment son cœur. Il n'est pas possible qu'un ouvrier devenu père de famille, s'il reporte son esprit sur ses premières années, ne mette le plus grand soin à éloigner de son fils les écueils dont il a pu par lui-même apprécier le danger.

Mais la bonne volonté paternelle ne suffit pas toujours, il faut encore posséder certaines connaissances pour pouvoir souvegarder les intérêts moraux et matériels engagés dans l'acte dont il s'agit. L'apprentissage nécessite une convention entre le patron et l'enfant, représenté par son père, sa mère ou son tuteur. Il y a des cas éventuels à prévoir, des conditions à débattre. Ceux qui agissent au nom de l'apprenti doivent préciser les obligations contractées envers lui comme celles contractées par lui-même ; ils doivent prendre leurs précautions afin d'être sûrs qu'on lui donnera tout ce qui lui est dû, et qu'on n'exigera de lui que ce qu'il doit. Je vous dirai d'abord, mes amis, comment les choses se passèrent pour mon propre compte ; mais je ne m'en tiendrai pas là. Depuis cette époque, fort éloignée de moi, comme vous pouvez en juger, les dispositions relatives à l'apprentissage, qui étaient très-rares dans nos lois, après être restées longtemps les mêmes, ont été enfin modifiées et étendues. On a rendu obligatoires des conditions dont l'expérience avait fait constater l'utilité. C'est ce dernier état de la législation qu'il vous importe de connaître [1].

Lorsque j'eus travaillé un an dans la fabrique où j'avais

[1] Loi du 22 février 1851.

été placé, comme j'exprimais toujours le même désir
d'apprendre le métier de serrurier, mon père s'occupa
avec une attention extrême de me choisir un maître ; il
ne voulait ni d'un patron inhabile dans son art, ni d'un
patron d'une conduite suspecte, ni enfin d'un patron qui,
spéculant, comme on en voit de temps en temps des
exemples, sur le travail des apprentis, en reçût plus
qu'il ne pouvait en instruire. Mon père eut, je puis le
dire, la main fort heureuse. Il s'informa aussi des dispositions légales qui régissaient alors le contrat d'apprentissage, et prit ses mesures en conséquence.

Aujourd'hui tout père de famille doit suivre cet exemple. Ainsi, il lui faut savoir que le contrat d'apprentissage est un contrat par lequel un fabricant, un chef
d'atelier ou un ouvrier, s'oblige à enseigner la pratique
de sa profession à une autre personne qui s'oblige en
retour à travailler pour lui sous des conditions et pendant un temps convenus ; que ce contrat peut être formé
verbalement ou par écrit. Verbalement ou par écrit,
entendez-moi bien ; je répète ces mots, afin que vous les
graviez profondément dans votre mémoire.

Mais prenez-y garde, mes amis : une simple convention verbale est toujours entourée d'incertitudes ; de
plus, en cas de contestation, la preuve par témoins n'est
admise, en règle générale, que jusqu'à concurrence de
150 francs. Il est donc infiniment plus prudent de rédiger le contrat par écrit. Cette forme avait été préférée
par mon père, même à une époque où l'usage de l'écriture était beaucoup moins répandu qu'aujourd'hui. *Les
paroles s'envolent*, disait-il, *les écrits restent*. Constater
d'une manière positive les conditions arrêtées, c'est le
moyen d'éviter des discussions ultérieures sur ce qui a

été convenu. J'avais copié moi-même l'acte de mon apprentissage de ma plus belle écriture, et j'étais tout fier de le posséder. C'est vous dire que la convention avait eu lieu sous signature privée, en double exemplaire. Aujourd'hui, avec les facilités que donne la nouvelle loi qui favorise tout particulièrement le contrat par écrit, il vaut mieux avoir recours à un acte public. On s'adresse, en pareil cas, soit au secrétaire du conseil de prud'hommes, soit au greffier de la justice de paix, soit à un notaire. Les honoraires dus à ces officiers, qui ont une qualité égale pour recevoir le contrat d'apprentissage, sont fixés à 2 francs. Il faut y ajouter un droit fixe de 1 franc pour l'enregistrement. L'acte est signé par le patron et par les représentants de l'apprenti. Je conseille, en outre, de faire signer l'apprenti quand il sait écrire, afin de l'initier aux réalités de la vie, à cette pensée surtout que l'obligation prise doit être inviolablement remplie.

Ce contrat d'apprentissage, dont vous connaissez la forme, que doit-il contenir? Vous devinez bien que la première chose à y mettre ce sont les noms, prénoms, âge, profession et domicile du maître et de l'apprenti, ainsi que les noms, prénoms, âge, profession et domicile des père et mère de ce dernier, de son tuteur ou de la personne autorisée à traiter pour lui, soit par les parents, soit, à défaut de parents, par le juge de paix. Puis, on exprime l'objet de l'apprentissage, en indiquant la profession qui doit être enseignée; on énonce la date et la durée du contrat; enfin, on énumère toutes les conditions qui peuvent être relatives au prix, au logement, à la nourriture, etc.

Quant à moi, mon père n'était pas en position de

payer une somme d'argent à mon patron : il fut convenu
que je payerais l'instruction qui me serait donnée avec
mon temps ; c'est là ce qui arrive le plus communément.
La durée de l'engagement fut fixée à cinq années, dont
les deux dernières représentaient le prix que j'aurais
dû payer. Il y a plus ou moins de conditions à détailler
dans l'acte, suivant les circonstances. En ce qui me concerne, on avait eu peu de choses à dire ; car mon patron
n'était chargé ni de me loger, ni de me nourrir. Je reve-
nais tous les soirs à la maison. Le contrat ne renfermait
donc rien sur la nourriture, le coucher, les soins de
propreté, etc. Les devoirs du chef d'atelier qui loge
l'apprenti embrassent naturellement tous ces objets. Le
cas de maladie mérite d'être prévu ; mais ne le fût-il
pas, le patron chez lequel l'apprenti demeure serait tenu
de le faire soigner chez lui, si la maladie ne dépassait
pas une huitaine de jours. Les frais du traitement restent à la charge de l'apprenti.

On peut entrer en apprentissage à tout âge : pour les
enfants, les parents sont juges du moment convenable ;
mais il est interdit à un patron de recevoir des apprentis
âgés de moins de vingt et un ans, s'il n'est lui-même
majeur, c'est-à-dire s'il n'a vingt et un ans au moins.

Quand on songe que le patron est, en réalité, un véritable instituteur, que la vie quotidienne de l'apprenti
est mêlée à la sienne, on comprend que la loi prive de
la faculté de prendre des apprentis les hommes qu'auraient frappés des condamnations pénales d'une certaine
gravité. Ainsi sont déclarés incapables de recevoir des
apprentis : 1° les individus qui ont subi une condamnation pour crime ; 2° ceux qui ont été condamnés pour
attentat aux mœurs ; 3° ceux qui ont été condamnés à

plus de trois mois d'emprisonnement pour des délits de vol, pour larcin, filouterie, escroquerie, abus de confiance ou fraudes commerciales. Cependant cette interdiction, si elle était inflexible, pourrait, dans certains cas, être trop rigoureuse. Quand d'anciens condamnés, par la régularité de leur vie, se sont réhabilités dans l'estime publique, la loi autorise le préfet, sur l'avis du maire, à lever l'incapacité prononcée, pourvu que, après l'expiration de leur peine, ils aient résidé trois années dans la même commune[1].

Voilà pour les conditions essentielles du contrat d'apprentissage et la capacité de le former. A un autre jour l'examen des devoirs et des droits réciproques du maître et de l'apprenti.

SIXIÈME ENTRETIEN.

Sur l'apprentissage. (Suite.)

Obligations résultant du contrat et causes de résiliation.

Les devoirs de l'apprenti envers le patron et ceux du patron envers l'apprenti, naissent de la nature des rapports créés par le contrat. L'apprenti doit au maître son travail, aux conditions et durant le temps convenus. Fidélité, obéissance et respect, voilà sa dette dans l'ordre moral ; aide prêtée avec application et assiduité, suivant la mesure de son intelligence et de ses forces, voilà sa dette dans l'ordre matériel.

Le maître doit enseigner progressivement et complétement à l'apprenti la pratique de sa profession spéciale,

---

[1] A Paris, c'est le préfet de police qui statue en pareil cas.

son art ou son métier, tel qu'il s'exerce dans tous les ateliers du même genre [1]. Il doit se conduire envers l'apprenti en bon père de famille, surveiller sa conduite et ses mœurs, soit dans la maison soit au dehors, et avertir ses parents ou leurs représentants des fautes graves qu'il pourrait commettre, ou des penchants vicieux qu'il pourrait manifester. Il doit aussi, en cas de maladie, d'absence ou de tout fait de nature à motiver leur intervention, les en prévenir sans retard. Il n'emploiera l'apprenti, sauf conventions contraires, qu'aux travaux et services qui se rattachent à l'exercice de sa profession. C'est la loi même qui parle ainsi. Il ne faut pas, mes amis, que, contrairement aux intentions de sa famille, un enfant puisse être forcé de consacrer son temps à des soins de ménage, qui sont trop souvent exigés des apprentis, au préjudice de leur instruction professionnelle. Défense absolue est faite de les employer à des travaux insalubres ou à des travaux au-dessus de leurs forces.

Vient maintenant la durée du travail, qui réclame toute votre attention. Les apprentis sont l'objet de dispositions spéciales qui s'écartent des prescriptions de la loi relative au travail des enfants : cette loi n'est désormais applicable qu'aux enfants occupés à un autre titre que celui d'apprentis. Jusqu'à quatorze ans, la durée du travail effectif des apprentis ne peut dépasser dix heures par jour, ni excéder douze heures de quatorze à seize ans [2]. Aucun travail de nuit ne peut être imposé aux

[1] Si le patron avait des procédés qui fussent sa propriété exclusive, il n'en devrait la communication que dans le cas où il s'y serait engagé expressément, ou bien si les circonstances indiquaient que les parties avaient en vue la connaissance de ces procédés au moment du contrat.

[2] On se demandera peut-être ici comment la loi sur l'apprentissage a

apprentis âgés de moins de seize ans [1]. Pour qu'il pût être dérogé aux dispositions relatives à la durée du travail et au travail de nuit, il faudrait que le préfet en eût donné l'autorisation par un arrêté rendu sur l'avis du maire.

Il ne devait pas être permis au patron de mettre obstacle à l'accomplissement des devoirs religieux de l'apprenti; en conséquence, la loi déclare que, dans aucun cas, les apprentis ne peuvent être astreints à aucun travail de leur profession les dimanches et jours de fêtes reconnues ou légales. Si l'apprenti était tenu, par suite des conventions ou de l'usage, de ranger l'atelier ces jours-là, ce travail ne pourrait se prolonger au delà de dix heures du matin.

Supposons, et cette circonstance se rencontre malheureusement trop souvent encore, supposons qu'en entrant en apprentissage un enfant ne sache pas lire, écrire et compter, ou qu'il n'ait pas terminé sa première éducation religieuse, quelle sera l'obligation de son maître? Jusqu'à l'âge de seize ans, le patron devra lui laisser prendre, sur la journée de travail, le temps et la liberté nécessaires pour son instruction. Ce temps, néanmoins, ne peut excéder deux heures par jour.

A la fin de l'apprentissage, l'apprenti doit remplacer le temps qu'il aurait perdu par suite de maladies ayant

pu dire que le travail ne pouvait excéder douze heures, de quatorze à seize ans, puisqu'une autre loi fixait à douze heures la durée du travail des adultes. Toute difficulté disparaît, si l'on se rappelle que les apprentis se recrutent surtout dans les ateliers proprement dits, et que le décret relatif à la durée du travail concerne seulement les manufactures et usines.

[1] Il n'y a pas de réserves faites, comme dans la loi sur le travail des enfants, quand l'âge de treize ans est atteint.

duré plus de quinze jours. Les absences faites pour d'autres motifs doivent aussi être remplacées, quand même elles auraient été autorisées par le patron : l'autorisation de ce dernier n'est réputée accordée qu'à cette condition.

Les conventions librement formées entre les deux parties qui figurent dans le contrat d'apprentissage, sont une loi pour elles. En règle générale, il ne leur est plus permis de s'y soustraire. Cependant, mes amis, vous comprendrez sans peine que, tout en voulant maintenir le plus possible la fidélité aux engagements pris, des exceptions soient quelquefois nécessaires. Il y a des circonstances qui peuvent amener, soit de plein droit, soit sur une demande soumise à l'appréciation du juge compétent, la rupture du lien qui unit les deux parties. La résolution du contrat s'opère de plein droit si le maître ou l'apprenti vient à mourir, si l'un ou l'autre est appelé au service militaire ou frappé d'une des condamnations dont je vous ai parlé dans notre précédent entretien, comme entraînant pour un patron l'incapacité de recevoir des apprentis. Il en est encore de même quand il s'agit de filles mineures placées en apprentissage, si le maître perd sa femme ou toute autre femme de sa famille qui dirigeait sa maison à l'époque du contrat.

La résolution du contrat peut être prononcée par le tribunal compétent, sur la requête des contractants ou de l'un d'eux, pour cause d'inexécution des conventions arrêtées ou d'infraction grave ou habituelle aux prescriptions de la loi, comme aussi pour cause d'inconduite habituelle de la part de l'apprenti. Une pareille demande pourrait encore être formée et accueillie suivant les circonstances : 1° si le maître transportait sa résidence dans une autre commune que celle qu'il habitait lors de la convention, pourvu toutefois que la résolution soit réclamée pendant les trois mois qui suivent le changement de résidence ; 2º si le maître ou l'apprenti encourait une condamnation emportant un emprisonnement de plus d'un mois ; 3º si l'apprenti venait à contracter un mariage.

Ces motifs de séparation, expressément prévus dans la loi, s'expliquent d'eux-mêmes. Je veux seulement vous dire, mes enfants, en ce qui concerne l'*inconduite* de l'apprenti, que ce mot s'étend à tous les faits d'indocilité continue ou d'offense grave envers le patron, qui altèrent l'ordre naturel des rapports devant exister entre eux, et rendent l'enseignement impossible. Il est évident que la dissolution du contrat pourrait être prononcée, si l'apprenti devenait incapable de profiter des leçons données, par mauvaise santé ou par suite d'un accident survenu depuis son entrée en apprentissage. De la part du patron, de mauvais traitements, c'est-à-dire tout acte susceptible de porter un préjudice grave au corps ou à l'âme, seraient aussi une raison de rupture. Le maître chez lequel demeure l'apprenti l'a-t-il privé de la nourriture ou du repos nécessaire, même sans le faire travailler au delà des limites légales, met-il sa moralité en péril par ses exemples ou par ses paroles, le contrat peut être résolu. Il y a, dans tous ces cas, une atteinte visible, soit aux conventions arrêtées, soit aux prescriptions de la loi.

La prévoyance mutuelle des parties au moment de s'engager, le soin qu'elles prennent d'expliquer nettement dans un acte écrit leurs obligations réciproques, diminuent singulièrement les chances de discorde. Ce pendant ces garanties seraient vaines sans la loyauté des intentions. Que le patron et l'apprenti s'appliquent à exécuter fidèlement le contrat, à éviter tous faits ou omissions volontaires d'où sortirait un juste sujet de plainte, ces efforts formeront la meilleure sauvegarde contre des chicanes toujours préjudiciables à ceux mêmes qui paraissent en profiter.

Quand aucune contestation ne vient en interrompre le cours, l'apprentissage finit naturellement à l'expiration du terme assigné par le contrat. Je n'ai pas besoin d'ajouter qu'en tout état de cause, il dépend des intéressés de dissoudre avant le temps, par leur consentement mutuel, le lien qu'ils avaient formé. Rien ne les obligeait à se rapprocher et à s'entendre, rien ne saurait les contraindre à demeurer unis, si cette union ne convient plus à aucun d'eux.

Pendant les deux premiers mois de l'apprentissage, qui sont considérés comme un temps d'essai, le contrat peut être annulé par la seule volonté de l'une des parties sans aucune indemnité, à moins de conventions expresses. Ce noviciat de deux mois a pour objet de laisser au patron et à l'apprenti le temps de se connaître mutuellement et de juger s'ils se conviennent. Le premier peut apprécier l'aptitude de son élève; le second sonder ses propres goûts, et revenir, s'il y a lieu, sur une détermination irréfléchie.

Il faut que vous sachiez encore, mes amis, que, si le temps convenu pour la durée de l'apprentissage dépassait la plus longue durée consacrée par les usages locaux, ce temps pourrait être réduit ou le contrat résolu. Cette sage et bienveillante disposition veut empêcher que l'avenir d'un apprenti ne se trouve engagé pour une période trop prolongée, par la faute de ceux qui stipulent pour lui, ou par sa propre ignorance.

Durant mon apprentissage, il ne s'éleva ni cause de résolution, ni différend sur l'exécution des engagements contractés. Mon patron était un homme assez vif de parole, mais très-honnête, soigneux, habile dans son état, et prompt à encourager la bonne volonté de ceux qui travaillaient sous sa direction. S'il ne laissait point passer, sans les relever, des fautes un peu graves, il ne s'appesantissait jamais sur les petits manquements qui avaient pour origine une simple légèreté accidentelle; il ne se fâchait pas pour des riens. On voyait bien qu'il souffrait d'avoir un reproche à faire; de mon côté, je cherchais à en éviter les occasions. Je ne me souviens pas d'avoir eu avec lui aucune discussion un peu sérieuse.

Vos enfants, mes amis, ne seront peut-être pas aussi heureux que moi. Malgré les prévisions du contrat, en dépit même des bonnes intentions mutuelles, il peut naître des difficultés sur les conditions arrêtées. On a cru s'entendre, et on ne s'est pas compris. Des événements inattendus, comme nous l'avons dit, suscitent aussi parfois certaines contrariétés. Enfin, il y a des cas où l'apprenti est responsable envers son patron pour les conséquences de ses actes, et d'autres où le patron est responsable envers des tiers pour le fait de l'apprenti. Je dois clore cet entretien déjà très-prolongé, et je vous donnerai, dans notre prochaine conversation, les explications que ce sujet-là nécessite.

SEPTIÈME ENTRETIEN.

Sur l'apprentissage. (Suite.)

De la responsabilité relative du patron et de l'apprenti, et du règlement des contestations qui peuvent s'élever entre eux.

Commençons aujourd'hui par nous occuper des divers cas de responsabilité dont je vous parlais l'autre jour. L'apprenti peut commettre des actes qui le rendent responsable envers son patron, et ce dernier peut être lui-même responsable envers des tiers pour le fait de l'apprenti.

En principe général, mes amis, tout fait quelconque de l'homme causant du dommage à autrui oblige celui par la faute de qui il est arrivé à le réparer. Si un apprenti détériorait, par mauvaise intention ou par suite d'une négligence très-grave, la matière qui lui aurait été confiée, il serait responsable du préjudice causé à son patron. Voilà la règle ; mais l'application en est subordonnée à une question de fait. S'il était démontré que le patron avait placé trop de confiance dans l'apprenti, qu'il lui avait remis un travail au-dessus de ses forces, la responsabilité de celui-ci disparaîtrait.

Le patron est lui-même responsable pour certains actes commis par son élève pendant qu'il est sous sa surveillance. Ainsi, je suppose qu'un apprenti, s'occupant dans l'atelier à travailler un morceau de fer rougi par le feu, en fasse voler dans la rue des éclats qui blessent un passant, le patron pourra être poursuivi et condamné à indemniser la personne blessée. Assimilé au père de famille sous bien des rapports, il est responsable comme le père pour son enfant, avec la seule différence qu'il peut exercer son recours contre l'apprenti. Cependant ce recours serait rejeté, tout comme dans le cas de détérioration de matières, si le préjudice avait été causé dans l'accomplissement d'un acte qui dépassât les moyens d'un enfant. L'imprudence du patron couvrirait encore ici la faute de l'apprenti.

Le maître chez lequel j'avais été mis en apprentissage n'avait pas le tort de me confier des travaux au-dessus de mes forces ; il était plutôt trop prudent, il craignait toujours de me faire passer trop vite d'une œuvre simple à une autre plus complexe. Peut-être son enseignement était-il par cette raison un peu plus lent, mais aussi il était plus solide. Ce qu'on avait appris auprès de lui, on le savait de manière à ne jamais l'oublier.

J'avais dix-sept ans quand je terminai mon apprentissage ; je n'étais pas sans doute un ouvrier achevé, mais suivant la clause inscrite dans le contrat et aujourd'hui dans la loi, on m'avait enseigné l'état de serrurier *progressivement* et *complétement*. Les leçons avaient été mesurées à mes forces, et la profession m'avait été démontrée dans son entier. Comme mon patron prenait un autre apprenti et n'avait pas besoin d'un ouvrier payé, il me délivra mon congé d'acquit le jour même où finissait mon engagement. Je lui devais trois semaines en remplacement d'une absence occasionnée par une maladie ; ce brave homme m'exprima qu'il était content de la manière dont je m'étais acquitté de mes obligations, et il ne voulut pas exiger ce supplément de travail, quoiqu'il en eût le droit.

Vous savez, mes amis, que le congé d'acquit consiste dans un certificat du patron attestant que l'apprenti a rempli ses engagements. Cette pièce est nécessaire à l'ouvrier sortant d'apprentissage pour deux raisons :

1° pour avoir le livret dont doivent être munis tous ceux qui travaillent dans les manufactures, usines ou ateliers, et dont je parlerai bientôt ; 2° pour entrer chez un nouveau patron. Ce dernier est tenu de se faire représenter le congé ; sa responsabilité propre y est engagée. Si l'apprenti était redevable envers son premier maître, celui qui l'emploierait ensuite pourrait être poursuivi en dommages-intérêts jusqu'à concurrence de la somme due. D'un autre côté, tout patron qui retient un apprenti au delà de son temps, et lui refuse son congé quand il s'est acquitté de ses engagements, devient responsable à son égard du préjudice qu'il lui cause. La loi fixe elle-même l'indemnité à trois fois le prix de chaque journée de travail depuis la fin de l'apprentissage [1]. Supposez, comme cela n'est arrivé que trop souvent, qu'un fabricant, chef d'atelier ou ouvrier, détourne un apprenti de chez son patron avant qu'il ait fini son temps, la loi déclare que le maître, convaincu du fait dont il s'agit, peut être passible de tout ou partie de l'indemnité à adjuger au patron abandonné. Ce n'est plus seulement le remboursement de la somme due qui pourrait être ici ordonné, mais, en outre, le payement d'une indemnité proportionnée au préjudice causé.

Je reviens avec plaisir, pardonnez-le-moi, mes amis, à ce qui me concerne. Mon patron ne s'était pas borné à me remettre mon congé au jour précis ; il m'avait prêté son concours pour me faire trouver de l'ouvrage, et c'était grâce à lui que j'avais pu me placer immédia-

---

[1] Les apprentis de Paris qui auraient besoin d'un passe-port ne pourraient en obtenir un qu'après avoir fait viser à la préfecture de police (bureau des livrets) leurs certificats d'apprentissage acquittés par leurs patrons. On sait que les apprentis n'ont pas de livret.

tement. Nous avons presque toujours besoin, mes amis, d'un aide dans les diverses phases de la vie pour frayer notre chemin. Gardons un souvenir reconnaissant de l'appui qu'on nous prête, et n'oublions jamais que l'aide reçue nous oblige nous-même à aider à notre tour ceux qui pourraient avoir besoin de nous. Autant me répugne une assistance hautaine, comme il s'en rencontre parfois, qui semble s'imposer ou bien se donner à regret, autant je suis profondément touché d'un concours désintéressé, simple, affectueux, pareil à celui que me donnait mon patron. Je lui en ai conservé une reconnaissance que le temps n'a point amoindrie.

Il faut que nous sachions maintenant ce que nous devons faire, quand, malgré tous nos efforts pour les prévenir, il s'élève cependant des contestations. Quel sera le tribunal compétent pour en connaître? Les conseils des prud'hommes, là où il en existe, sont investis du droit de juger les différends qui naissent entre les patrons et les apprentis, quelle que soit d'ailleurs la quotité de la somme sur laquelle porte l'action intentée. Quand nous parlerons des conseils de prud'hommes, nous étudierons la manière de procéder devant cette juridiction tout amicale. Il suffit de savoir pour le moment que la demande du patron ou de l'appreuti est d'abord soumise à la conciliation, et ne donne lieu à un jugement que si les deux parties n'ont pu s'entendre. Il n'y a point de procès dans lesquels un arrangement soit plus désirable qu'en matière d'apprentissage. Quand les parties n'ont pu éviter de venir jusqu'aux prud'hommes, leur intérêt bien entendu leur commande de s'arranger conformément aux avis qui leur sont toujours donnés, et de ne pas aller jusqu'au jugement. S'il n'y a pas de conseils de prud'hommes dans la localité, ou si l'industrie dont il s'agit n'est pas placée sous sa juridiction [1], les juges de paix connaissent sans appel jusqu'à la valeur de 100 francs et, à charge d'appel, à quelque valeur que la demande puisse s'élever, des contestations relatives aux engagements respectifs des patrons et des apprentis.

Les réclamations qui pourraient être dirigées contre un fabricant, chef d'atelier ou ouvrier, pour avoir détourné un apprenti de chez son maître, sont également portées devant le conseil de prud'hommes ou, à défaut d'un tel conseil, devant le juge de paix du lieu. Ce sont encore les mêmes juges qui, dans les divers cas de résolution dont je vous ai parlé, déterminent, à défaut de stipulations formelles, les indemnités ou les restitutions qui pourraient être dues.

En dehors de l'action en dommages-intérêts, quand il y a lieu, la loi attache une peine à la violation de celles des règles prescrites qui intéressent l'ordre public. Ainsi, l'individu mineur de vingt et un ans qui recevrait des apprentis mineurs; le maître célibataire ou en état de veuvage qui logerait comme apprenties de jeunes filles mineures; l'individu qui prendrait des apprentis après avoir été frappé d'une condamnation entraînant l'incapacité d'en recevoir; le patron qui enfreindrait les dispositions concernant la durée du travail, le travail de nuit, l'observation des dimanches et jours de fêtes ou l'instruction élémentaire et religieuse des apprentis, seraient poursuivis devant le tribunal de simple police et punis d'une amende de 5 à 15 francs. S'il y avait récidive,

____
[1] Même dans ce dernier cas, les parties peuvent recourir aux prud'hommes comme arbitres.

le tribunal de police pourrait prononcer, outre l'amende, un emprisonnement d'un à cinq jours. Quand la récidive consiste dans une violation nouvelle de la défense faite, après certaines condamnations, de recevoir des apprentis, le délinquant est traduit devant le tribunal correctionnel et puni d'un emprisonnement de quinze jours à trois mois, sans préjudice d'une amende qui peut s'élever de 50 francs à 300 francs. Toutefois, le juge est autorisé par une disposition spéciale à tenir compte des circonstances atténuantes, s'il s'en trouve dans la cause, pour adoucir la peine.

La loi ne veut pas que les règlements de prix pour apprentissage traînent en longueur ; elle ne veut pas que l'apprenti ou ceux qui agissent pour lui soient astreints à garder trop longtemps les titres ou témoignages quelconques établissant qu'ils se sont acquittés envers le patron. C'est pour cela qu'elle dispose qu'un an après l'apprentissage, le prix en est présumé payé. On dit alors, dans le langage de lois, que l'*action est prescrite*. L'affirmation sous serment faite devant la justice que le payement a eu lieu dispense de toute preuve ; mais si le patron avait effectivement négligé de se faire payer, s'il lui était légitimement dû quelque chose, je n'ai pas besoin de vous dire qu'il y aurait vol à se prévaloir de la disposition de la loi et à venir invoquer la prescription. La prescription dispense de faire la preuve, quand on a payé ; elle ne dispense pas un honnête homme de payer, quand il doit.

Vous ne devez pas ignorer certaines dispositions particulières de la loi pénale relatives au trouble apporté par l'apprenti dans l'atelier, à tous manquements graves envers le patron, et aux vols commis chez ce dernier.

Ce sont les prud'hommes ou les tribunaux de simple police qui connaissent de l'action intentée pour le trouble causé dans l'atelier, ou pour les manquements envers le patron. Mais il n'est pas nécessaire ici, pour que le tribunal de police soit compétent, qu'il n'existe pas de conseils de prud'hommes ; l'action peut être portée indistinctement devant l'une ou l'autre juridiction, avec cette différence que les prud'hommes n'en connaissent que sur la plainte de la partie lésée, tandis que le ministère public peut, indépendamment de toute plainte, en saisir le tribunal de simple police. Les prud'hommes, à cause du caractère plus paternel de leur institution, n'ont pas été investis du droit de prononcer contre l'apprenti un emprisonnement de plus de trois jours. Le tribunal de simple police peut, au contraire, porter l'emprisonnement à cinq jours, et y joindre une amende de 1 à 15 francs.

Le vol commis par l'apprenti dans la maison, l'atelier ou le magasin de son patron, prend le caractère de vol domestique. Ce n'est plus un délit, c'est un crime ; ce n'est plus, comme tout à l'heure, le tribunal de simple police qui connaît de l'affaire, car ce tribunal ne prononce que sur les simples contraventions ; ce n'est pas même le tribunal de police correctionnelle, qui ne prononce que sur les délits, c'est la cour d'assises, seule compétente pour juger les crimes. L'apprenti, reconnu coupable, peut être condamné à la reclusion et renfermé dans une maison de force. La reclusion est une peine afflictive et infamante qui entraîne la dégradation civique, et dont la durée est de cinq ans au moins et de dix ans au plus.

Que faut-il conclure de cette disposition de la loi ?

quelle réflexion suggère-t-elle? Une même idée, j'en suis certain, s'élève dans vos esprits. Je te le demande, à toi, Louis Cerclot, à toi le plus jeune de l'atelier, que dis-tu de ce que tu viens d'entendre?

— Moi, je dis qu'il ne faut pas voler, mais il n'est pas besoin de la loi pour ça.

HUITIÈME ENTRETIEN.

Sur les livrets d'ouvriers.

Objet du livret. — Quels ouvriers sont obligés d'en avoir un? — Comment le livret est-il expédié?

Voici, mes amis, une des questions les plus contro-versées parmi les ouvriers. Combien n'avez-vous pas entendu souvent, sans sortir de cette fabrique, des dis-sidences se produire, au sujet du livret, dans nos con-versations familières! Plusieurs d'entre nous envisagent avec défiance l'obligation d'un livret; d'autres, au con-traire, y aperçoivent des garanties pour nous et pour nos patrons, et ne repoussent pas la pensée de l'insti-tution.

J'ai sur ce point-là une opinion arrêtée, et quoique l'objet de nos entretiens ne soit pas de démontrer le fort ou le faible des obligations qui concernent notre état, je vous dirai tout à l'heure, en vous expliquant le but légal du livret, ma pensée sur ce sujet. Mais quelle que soit, en définitive, notre opinion sur la législation des livrets, il est toujours indispensable de connaître les obligations qui en résultent pour nous. On ne se met au niveau de son état qu'en acquérant l'intelligence complète de tous les éléments qui s'y rapportent. On ne sait se conduire qu'à ce prix-là. Dès que le livret existe, il y a des questions sur lesquelles nous avons besoin d'être fixés. Voici celles dont nous allons causer ensemble : 1º Quelle est, dans la pensée de la loi, le but du livret? 2º Quels sont les ouvriers astreints à l'obligation du livret? 3º Comment se délivrent les livrets? 4º Quels sont les droits et les obligations des ouvriers et des patrons, par rapport au livret? 5º Quels sont les juges et quelles sont les peines en cas de contravention à la loi?

§ 1er. *But légal du livret.* — Le livret, mes amis, présente un double caractère, il remplit deux rôles différents : la loi en a fait une institution industrielle et un moyen de police administrative. Au premier point de vue, c'est-à-dire comme institution industrielle, le livret est tout simplement un livre de compte qui permet de vérifier à tout moment si l'ouvrier est quitte envers son patron ou s'il lui redoit quelque chose. Patrons et ouvriers y trouvent des garanties dans leurs rapports quotidiens. Pour l'ouvrier, le livret, qui contient en quelque sorte l'histoire de sa vie laborieuse, forme un témoignage irrécusable de sa fidélité à remplir ses engagements. Le patron, de son côté, y apprend à connaître le travailleur avec lequel il contracte ; il voit, par les mentions qui y sont portées, si ce dernier a toujours exactement remboursé les avances reçues de ses précédents patrons, du moins celles qui ont été faites dans la limite légale. Le titre qui constate la fidélité de l'une des parties appelle naturellement la confiance de l'autre, et facilite leur rapprochement et leur accord. Voilà, mes amis, le sens, le rôle du livret dans le cercle de notre vie laborieuse : son utilité consiste à recevoir la mention des avances. Comme moyen de police, le livret sert à l'au-

torité pour se rendre compte du nombre et du mouvement des ouvriers dans chaque ville.

C'est ici le moment de vous dire mon avis sur l'institution. Si le livret n'avait eu que son premier caractère,
il n'aurait jamais, j'en suis sûr, éveillé de susceptibilités parmi nous. Sous le rapport industriel, l'institution a de visibles avantages. On n'a point encore ima-
giné de moyen plus simple pour constater les avances
que le patron peut faire à l'ouvrier, et dont nous parlerons un autre jour. Nous avons un livret tout comme les
commerçants ont des livres de compte. Ce qui a compromis le livret, c'est qu'on a parfois dénaturé l'idée de
police qui s'y rattache. On a prétendu que l'intervention
de la police administrative dans les diverses formalités
que nous avons à remplir donnait au livret une signification blessante. Cependant, sans être de grands politiques, nous n'avons pas de peine à comprendre que la
société a besoin d'ordre pour se conserver et se développer; que la sécurité publique réclame des mesures
spéciales; enfin qu'il faut une police dans un État. La
police protége chacun de nous; elle empêche que le plus
fort n'abuse de sa force au préjudice du plus faible. On
ne doit donc pas croire qu'une mesure de police soit of-
fensante par ce fait seul qu'elle est une mesure de police.
On peut seulement demander si le livret appartenant à
l'ordre industriel n'aurait pas gagné, à l'origine de l'institution, qui date de l'année 1803, à ce qu'on ne l'en
séparât pas. Eh bien, sans m'associer à des répugnances
aveugles et injustes, j'incline à croire qu'il eût mieux
valu lui laisser alors son caractère simple et naturel.
On n'aurait pas éprouvé tant de peine à faire passer
l'institution dans les mœurs industrielles. Aujourd'hui

ce fait paraît accompli. Quand la législation sur les livrets a été refondue, en 1854, on s'est appliqué à y introduire plusieurs dispositions qui créent, en notre faveur, des avantages sérieux ou des satisfactions réelles, et sont de nature à compenser l'embarras qu'occasionne toujours l'accomplissement d'une formalité légale.

§ II. *Ouvriers astreints à l'obligation du livret.* — La loi n'admet aucune exception. Les ouvriers de l'un et de l'autre sexe attachés aux manufactures, fabriques, usines, mines, minières, carrières, chantiers, ateliers et autres établissements industriels, ou travaillant chez eux pour un ou plusieurs patrons, sont tenus de se munir d'un livret. En un mot, tout individu employé comme ouvrier à un travail industriel est atteint par la prescription légale.

Il est bien évident, mes amis, qu'une fois le principe du livret consacré dans la loi, une fois les avantages de l'institution reconnus dans l'industrie, il n'y avait aucun motif raisonnable pour admettre des différences entre les diverses catégories d'ouvriers. La règle est la même pour tous. Il en résulte qu'il n'est point permis de faire de distinction entre les fils de patron travaillant chez leur père et les autres ouvriers, ou entre les ouvriers sédentaires et ceux qui sont sujets à changer de résidence.

Si l'un de nous allait travailler dans un atelier dépendant de l'État, il n'en devrait pas moins avoir son livret. Entendons-nous pourtant : l'obligation n'existerait pas pour celui qui travaillerait dans les arsenaux maritimes, s'il était en même temps inscrit sur les matricules de la marine, et assujetti comme tel à des mesures spéciales qui modifient la qualité d'ouvrier. Ce n'est pas là une exception.

Il ne faut pas non plus considérer comme une dérogation à la règle générale une disposition des règlements sur les Sociétés de secours mutuels (décret du 26 mars 1852), portant que le diplôme délivré à chaque sociétaire participant lui servira de livret. Ce diplôme est un livret ; il ferait dès lors double emploi avec le livret ordinaire. On comprend, du reste, la pensée bienveillante qui, en exemptant les membres des Sociétés de secours mutuels d'une formalité superflue, a voulu favoriser une institution aussi féconde en bienfaits pour la famille ouvrière.

§ III. *Comment s'expédient les livrets*. — Les livrets sont délivrés par le maire dans chaque commune : telle est la règle générale. Mais, à raison des circonstances particulières aux grands centres de population, cette partie des attributions municipales est exercée à Paris et dans le ressort de la Préfecture de police par le préfet de police ; à Lyon et dans les communes qui composent le ressort de la police lyonnaise, par le préfet du Rhône ; dans tous les chefs-lieux de préfecture comptant plus de 40,000 habitants, par le préfet.

Il est tenu dans les communes ou dans les préfectures, suivant les cas, un registre sur lequel sont relatés les livrets au moment de la délivrance, et portées les mentions inscrites sur chaque livret. Ce registre reçoit la signature de l'ouvrier, ou la mention qu'il ne sait ou ne peut signer. A Paris, les livrets sont transcrits sur des feuilles séparées qu'on relie ensuite en registre, d'après l'ordre chronologique. Des bulletins, classés par ordre alphabétique, rendent les recherches très-faciles.

Je m'attacherai à vous apprendre ainsi, chemin faisant, quelles sont les formalités spéciales que les ouvriers ont à remplir à Paris. Le fond des choses est le même ; il y a seulement quelque différence dans la marche du service. Vous avez intérèt à être fixés sur ce point. Des circonstances imprévues peuvent appeler un certain nombre d'entre vous dans les ateliers de la capitale. Il importe qu'un ouvrier sache s'y conduire dans ses relations, soit avec ceux qui l'emploient, soit avec l'autorité publique. Je reviens maintenant à la manière dont s'expédient les livrets.

L'autorité ne peut refuser un livret à un ouvrier, à moins qu'il ne soit sous la prévention d'un crime ou d'un délit. Vous savez, mes amis, ce que nous devons faire pour avoir un premier livret ; les formalités n'ont rien de gênant. Il suffit de se présenter devant le fonctionnaire chargé d'expédier les livrets, qui constate l'identité et la position du demandeur. Les justifications qui doivent être produites peuvent varier suivant les lieux et les circonstances. Supposons qu'un ouvrier ne soit pas en mesure de fournir de suffisantes justifications, il peut encore obtenir un livret ; mais alors l'autorité est en droit d'exiger qu'il souscrive une déclaration indiquant ses nom, prénoms, domicile et qualité, après qu'il lui a été donné lecture de l'article de la loi qui punit d'un emprisonnement de trois mois à un an l'ouvrier coupable de s'être fait délivrer un livret soit sous un faux nom, soit au moyen de fausses déclarations ou de faux certificats.

Le livret est en papier libre ; il est coté et parafé sans frais par les fonctionnaires chargés de le délivrer, et il reçoit l'empreinte de leur sceau. Sur les premiers feuillets sont imprimées toutes les dispositions législatives concernant les livrets. Ainsi nul de nous ne pourrait prétexter de son ignorance en cas d'infraction à la loi. En lisant ou en se faisant lire les premières pages de son livret, chacun peut se mettre au courant de toute la législation sur la matière.

Le livret présente ensuite le nom et les prénoms de l'ouvrier, son âge, le lieu de sa naissance, son signalement, sa profession ; il indique si l'ouvrier travaille habituellement pour plusieurs patrons, ou s'il est attaché à un seul établissement et, dans ce dernier cas, le nom et la demeure du chef d'établissement chez lequel il travaille ou chez lequel il a travaillé en dernier lieu. De plus, on y relate les pièces, s'il en a été produit, d'après lesquelles la délivrance a eu lieu.

Les livrets sont imprimés d'après un modèle uniforme, tracé par l'autorité. Le prix de vente ne doit représenter que les frais de confection, et sans pouvoir dépasser 25 centimes.

Le livret peut s'user, les feuillets laissés en blanc peuvent être entièrement remplis. Que faut-il faire pour en avoir un autre? Rien de plus simple : l'ouvrier représente son ancien livret à la mairie ou à la préfecture, selon les distinctions que je vous ai indiquées. Là, on reporte sur le nouveau livret : 1° la date et le lieu de la délivrance de l'ancien ; 2° le nom et la demeure du chef d'établissement chez lequel l'ouvrier travaille ou a travaillé en dernier lieu ; 3° le montant des avances dont l'ouvrier resterait débiteur. — Le livret hors d'usage est laissé entre les mains de l'ouvrier, afin que ce dernier puisse conserver toute la tradition de sa carrière laborieuse ; on y mentionne seulement que le livret primitif a été remplacé par un autre.

La difficulté n'est-elle pas plus grande si le livret a été perdu? Dans ce cas, nous avons à faire constater notre identité et notre position, comme pour l'obtention d'un premier livret; et, de plus, nous devons fournir les indications nécessaires pour permettre à l'autorité de reproduire sur le nouveau livret les mentions énoncées tout à l'heure, notamment la mention des **avances** dont nous resterions débiteur. La déclaration souscrite par l'ouvrier est faite sous la clause pénale que vous connaissez déjà.

Vous comprenez à merveille, mes amis, la pensée de ces diverses dispositions par lesquelles la loi de 1854 a remplacé fort avantageusement pour nous des exigences antérieures très-compliquées. L'obtention ou le remplacement d'un livret est infiniment plus facile aujourd'hui qu'autrefois. La loi s'en fie à la déclaration, c'est-à-dire à l'honnêteté de l'ouvrier, en frappant d'une peine les déclarations mensongères. Ce système ménage toute susceptibilité légitime.

NEUVIÈME ENTRETIEN.

Sur les livrets d'ouvriers. (Suite.)

Droits et obligations des ouvriers et des patrons par rapport au livret.

§ Ier. *Droits et obligations des ouvriers.* — Notre première obligation relativement au livret, c'est de nous en procurer un. Les obligations d'un ouvrier varient ensuite, sur quelques points, suivant qu'il est attaché à un seul établissement ou qu'il travaille habituellement pour plusieurs patrons. Dans le premier cas, il doit faire inscrire sur son livret, par le patron chez lequel il se propose de travailler, la date de son entrée dans l'établissement. Toutes les fois qu'il change d'atelier, la même formalité doit être accomplie. Dans le second cas, l'ouvrier doit présenter son livret à chacun des patrons qui lui confie de l'ouvrage, afin que chacun d'eux y inscrive le jour où la remise de l'ouvrage a eu lieu.

Lorsqu'un ouvrier quitte un atelier, ou lorsqu'il cesse de travailler pour un des patrons qui l'employaient, il doit présenter son livret au chef ou au directeur de l'établissement pour y faire inscrire la date de sa sortie et l'acquit de ses engagements, ou la mention des avances dont il resterait débiteur. L'omission de cette formalité, d'ailleurs bien simple, l'empêcherait de trouver à s'occuper dans une autre maison. L'ouvrier travaillant habituellement pour plusieurs patrons n'a pas besoin de la mention de l'acquit sur son livret pour obtenir de l'ouvrage de la part d'autres chefs d'industrie. Tous les jours, en effet, un ouvrier de cette catégorie reçoit du travail d'un patron avant d'avoir fini celui d'un autre. La nécessité de se pourvoir du congé d'acquit l'aurait obligé à ne travailler que pour un seul patron. Cette dernière disposition ne concerne donc que l'ouvrier attaché à un seul établissement.

Un ouvrier qui arrive à Paris avec son livret doit le présenter au bureau de la délivrance des livrets, à la Préfecture de police, pour qu'il soit enregistré. Après cela, il est en règle pour entrer dans un atelier. S'il change plus tard de patron, il doit, aussitôt après que son livret a été visé par le chef d'établissement, se rendre chez le commissaire de police de son quartier pour faire légaliser la signature du patron. Il n'a plus besoin de retourner à la Préfecture de police ; le commissaire y envoie lui-même un bulletin, afin que le compte de chaque porteur de livret puisse être tenu au courant.

Je crois inutile d'ajouter à ces explications que l'obligation d'avoir un livret emporte l'obligation de se soumettre aux dispositions spéciales aux livrets, qui peuvent être prises, dans les limites de leur compétence en matière de police, par le préfet de police à Paris, et dans les départements par les autorités locales ; mais je ne vous ai point dit si l'ouvrier conservait son livret entre ses mains. Il faut que vous sachiez cependant à quoi vous en tenir sur ce point-là. Avant la loi de 1854, tout chef d'établissement avait le droit d'exiger le dépôt du livret. Quelques chefs n'usaient pas de cette faculté : dans cette fabrique nous gardions nos livrets. C'était là une exception : le dépôt était réclamé dans le plus grand nombre des ateliers. Le but de cette disposition, c'était de garantir au patron l'exécution des engagements pris envers lui. Toutefois, en y regardant de près, on s'aperçoit que la nécessité imposée à l'ouvrier d'avoir sur son livret le certificat d'acquit formait un gage suffisant pour le patron. Aussi la loi nouvelle a-t-elle supprimé l'obligation de déposer le livret entre les mains du patron. Le livret, après avoir reçu les mentions exigées, est remis à l'ouvrier. De cette façon, si l'ouvrier a besoin de constater son état, il en a toujours le moyen à sa disposition sans être obligé de recourir à personne. Par suite, il est tenu de représenter son livret à toute réquisition des agents de l'autorité ; mais la satisfaction donnée à des susceptibilités si vivement manifestées à une autre époque n'en est pas moins entière.

Nous sommes redevables à la dernière loi d'un autre

avantage. Nous étions astreints précédemment, lorsque nous voulions changer de résidence, à avoir un passe-port qui nous coûtait 2 francs, outre un livret dûment visé et indiquant le lieu où nous nous rendions. Aujourd'hui, notre livret nous suffit toutes les fois que nous ne sortons pas de France, pourvu qu'il soit visé comme le serait le passe-port lui-même. Le visa est entièrement gratuit; mais ce visa, de même que celui du passe-port, indique toujours une destination fixe, et il ne vaut que pour cette destination ; il n'est donné que sur la mention de l'acquit des engagements, et, en outre, sous les conditions qui peuvent être déterminées par les règlements administratifs. Celui qui cesserait d'être ouvrier ne pourrait plus se prévaloir de cet avantage, accordé par la loi aux ouvriers seuls. En conséquence, le visa n'est point apposé quand l'ouvrier a interrompu l'exercice de sa profession, ou s'il s'est écoulé plus d'une année depuis le dernier certificat de sortie inscrit au livret.

Retenez bien, mes amis, les obligations qui nous sont imposées par rapport au livret. Je les résume afin qu'elles se gravent mieux dans votre mémoire. Tout ouvrier doit : *premièrement*, prendre un livret; *deuxièmement*, présenter son livret au chef d'industrie qui l'emploie, le jour de son entrée dans son établissement, ou, s'il travaille pour plusieurs patrons, le jour où il reçoit de l'ouvrage de chacun d'eux ; *troisièmement*, avant de quitter l'établissement auquel il est attaché et d'être admis dans un autre, faire inscrire sur son livret l'acquit des engagements; *quatrièmement*, à Paris et dans les grandes villes, où les chefs d'établissement ne se connaissent pas toujours, faire légaliser la signature du dernier patron; *cinquièmement*, garder son livret avec soin, et le représenter à toute réquisition de l'autorité ; *sixièmement,* se conformer aux dispositions spéciales au livret, prises par les autorités locales ; *septièmement,* lorsqu'il veut changer de résidence et se servir de son livret comme passe-port, le faire viser par le fonctionnaire qui expédie les livrets.

§ II. *Droits et obligations du patron.* — Les droits du patron correspondent, en général, aux obligations de l'ouvrier, et les obligations du patron aux droits de l'ouvrier.

Aucun chef d'industrie ne peut employer un ouvrier soumis à l'obligation du livret, s'il n'est porteur d'un livret en règle. Si l'ouvrier est attaché à l'établissement, le chef ou directeur doit, au moment où il le reçoit, inscrire sur son livret la date de son entrée, en indiquant que l'ouvrier ne travaille que pour son établissement. De même il y inscrit, à la sortie de l'ouvrier, la date de la sortie et, s'il y a lieu, l'acquit des engagements. Il ne pourrait pas se refuser à faire l'inscription de la date de la sortie par le motif que l'ouvrier ne serait pas quitte des avances à lui faites. Il aurait seulement le droit de mentionner jusqu'à une certaine somme la dette sur le livret. Quand nous causerons des avances, dans quelques jours, je préciserai les conséquences de cette mention et la somme sur laquelle elle peut porter. Le patron serait obligé de mettre l'inscription de sortie si l'ouvrier, *pour des causes indépendantes de sa volonté,* se trouvait dans l'impossibilité d'exercer son état ou de remplir les conditions stipulées.

Si l'ouvrier travaille habituellement pour plusieurs patrons, chaque patron inscrit sur son livret le jour où l'ouvrage est confié à l'ouvrier, en indiquant que ce dernier travaille pour plusieurs patrons. Lorsque l'ouvrier cesse de travailler pour l'un des patrons qui l'occupaient, celui-ci doit inscrire sur le livret l'acquit des engagements.

Si le chef ou le directeur d'établissement ne sait ou ne peut écrire, le maire ou le commissaire de police, après avoir constaté la cause de l'empêchement, inscrit sans frais le congé d'acquit. Si la demande de congé vient de l'ouvrier, le patron peut attendre, pour le payer, jusqu'au jour ordinaire de la paye; mais il doit le payer immédiatement si c'est lui-même qui le congédie.

En inscrivant le congé d'acquit, le chef d'industrie a-t-il le droit d'y mettre des notes favorables ou défavorables à l'ouvrier? Non; on a craint avec raison l'abus d'un pareil droit. Qu'est-ce, du reste, que le livret doit attester? Qu'importe-t-il de savoir? N'est-ce pas seulement si les deux parties qu'une convention avait rapprochées sont, en se séparant, quittes ou non l'une envers l'autre? Des mentions défavorables pourraient donner lieu à une demande en dommages-intérêts. Si le patron a des griefs contre l'ouvrier, il peut en saisir les tribunaux compétents. Le livret est un livre de compte; il doit garder ce caractère [1].

---

[1] Il n'est pas sans intérêt que les ouvriers sachent que tout chef d'établissement employant des ouvriers assujettis au livret, est tenu d'avoir un registre spécial sur lequel il inscrit, s'il s'agit d'un ouvrier attaché à l'établissement même : 1° ses nom et prénoms; 2° le nom et le domicile du chef d'établissement qui l'aura employé précédemment; 3° le montant des avances dont l'ouvrier serait resté débiteur envers celui-ci; 4° l'indication que l'ouvrier ne travaille que dans son établissement. L'inscription est restreinte aux nom, prénoms et domicile de l'ouvrier, lorsque ce dernier travaille pour plusieurs chefs d'industrie. Le patron mentionne aussi, mais seulement la première fois qu'il lui confie de l'ouvrage, que l'ouvrier travaille pour plusieurs ateliers.

DIXIÈME ENTRETIEN.

Sur les livrets d'ouvriers. (Suite.)

Des infractions à la loi et des peines.

Mes amis, vous connaissez les obligations imposées aux patrons et aux ouvriers en matière de livret ; il nous reste à parler de ce qu'on appelle la sanction de la loi, c'est-à-dire des dispositions prises pour réprimer les infractions.

A quoi s'exposerait celui qui contreviendrait aux règles sur les livrets ? Qu'arriverait-il si les dispositions légales étaient violées ? Non-seulement l'omission des formalités prescrites aurait de graves inconvénients pour un ouvrier, en l'empêchant de se procurer du travail, mais, de plus, cette omission constitue une contravention, et elle peut donner lieu à des poursuites et à une condamnation pénale.

L'ouvrier qui néglige de prendre un livret peut être poursuivi devant le tribunal de simple police, et puni d'une amende de 1 à 15 francs. Le tribunal peut en outre prononcer, suivant les circonstances, un emprisonnement d'un jour à cinq jours. Les mêmes peines seraient, d'ailleurs, encourues par le chef d'établissement qui emploierait un ouvrier dépourvu de livret, ou qui n'inscrirait pas sur le livret les mentions prescrites, ou qui ne tiendrait pas régulièrement le registre des livrets, ou qui mettrait sur le livret des annotations favorables ou défavorables.

Il sera extrêmement rare, sans aucun doute, qu'un chef d'établissement se refuse à faire sur le livret les mentions prescrites, ou bien veuille y porter, malgré la défense prononcée, des annotations quelconques. Si cependant le fait arrivait, et s'il en résultait quelque préjudice pour un ouvrier, le juge saisi pourrait condamner le patron à des dommages-intérêts. Les dommages-intérêts adjugés dans ce cas doivent être acquittés à l'instant même.

L'infraction commise par un ouvrier serait bien plus grave que celle qui consiste à ne pas se pourvoir d'un livret, s'il s'en était fait remettre un, soit sous un faux nom, soit au moyen de fausses déclarations ou de faux certificats, ou s'il avait fait usage d'un livret qui ne lui appartenait pas. Ce ne serait plus une contravention, ce serait un délit, et l'ouvrier qui l'aurait commis pourrait être traduit devant un tribunal de police correctionnelle, et condamné à un emprisonnement de trois mois à un an. Un emprisonnement d'un an à cinq ans peut être prononcé contre tout individu coupable d'avoir fabriqué un faux livret, ou falsifié un livret originairement véritable, ou fait sciemment usage d'un livret faux ou falsifié.

Je devais, mes amis, vous donner connaissance de ces pénalités, quoique je sois convaincu qu'aucun de vous ne s'exposera jamais à en être frappé. Ces dispositions n'atteignent pas les ouvriers honnêtes, pas plus que les lois contre les voleurs n'atteignent les honnêtes gens. Aussi n'y a-t-il pas grand intérêt pour vous à ce que j'ajoute que, dans les cas dont il vient d'être question, les tribunaux sont autorisés, si les circonstances du délit paraissent atténuantes, à réduire l'emprisonnement, même au-dessous de six jours. Il importe davantage que vous sachiez qu'aucun ouvrier soumis à l'obligation du livret ne peut être inscrit sur les listes électorales pour la formation des conseils de prud'hommes, s'il n'est pourvu d'un livret. C'est là une sanction prise dans le domaine même des intérêts industriels.

L'ancienne législation renfermait une disposition très-sévère contre l'ouvrier qui voyage sans être muni d'un livret dûment visé : Il sera, disait-elle, *réputé vagabond, et pourra être arrêté et puni comme tel.* Cette disposition, qui restait inappliquée, même antérieurement, ne se comprendrait plus avec le système nouveau ; elle semble devoir être regardée comme implicitement abrogée. Je tiens à vous conseiller cependant, lorsque vous voyagerez, de faire viser le livret qui vous tient lieu de passeport ; vous serez ainsi à couvert des désagréments qui pourraient vous atteindre dans le lieu où vous vous rendrez.

Quant à moi, j'ai toujours eu pour habitude de me soumettre très-scrupuleusement aux formalités prescrites. Je le faisais par respect pour la loi, quand la prescription y était expressément inscrite, et par une sorte de fierté quand elle aurait pu être contestée. Je préférais m'imposer une gêne, même superflue, que d'être obligé de venir ensuite m'excuser et recevoir ou paraître recevoir en définitive une sorte de grâce. Efforçons-nous toujours d'être en règle ; je le répète, voilà notre intérêt. Je profite de la circonstance pour vous donner un conseil qui se rattache au même ordre d'idées. La société implique une multitude de rapports dans lesquels nous sommes tour à tour obligés ou obligeants. Il y a là une source de vertus et de belles actions. La bienveillance fait le charme des relations privées ; elle rend plus faciles les relations d'affaires. Soyons bienveillants envers les autres le plus que nous pourrons, mais réglons notre conduite comme homme, comme citoyen, comme ouvrier, de manière à subordonner le moins possible l'exercice de nos facultés à la bienveillance d'autrui ou à l'indulgence des tribunaux.

ONZIÈME ENTRETIEN.

Sur les avances faites aux ouvriers.

La question des avances faites à un ouvrier sur son salaire se lie étroitement à la question des livrets, et ne peut pas en être séparée. C'est le livret qui sert à constater les avances; c'est l'inscription portée sur le livret qui forme le titre du patron. Pourquoi ne vous le dirais-je pas tout de suite? Je suis, mes amis, peu favorable aux avances; j'ai toujours regardé d'un œil défiant ces rétributions anticipées qui empiètent sur les ressources de l'avenir. Mieux vaut cent fois s'imposer des gênes que de manger son blé en herbe. Il y a, je le reconnais, des circonstances fortuites dans lesquelles nous pouvons être obligés de recourir à un emprunt sous forme d'avances; mais c'est une extrémité fâcheuse que tous nos efforts doivent tendre à écarter : extrémité fâcheuse, dis-je, même aujourd'hui, après les adoucissements qu'a éprouvés la législation relative à cet objet.

Jusqu'à une loi de 1851, à laquelle j'ai déjà fait allusion dans un précédent entretien, l'ouvrier qui avait reçu des avances sur son salaire ne pouvait plus exiger la remise de son livret et la délivrance de son congé qu'après avoir acquitté sa dette, quel qu'en fût le chiffre. S'il était forcé de se retirer parce qu'on lui refusait du travail ou son salaire, le patron avait le droit de mentionner toute la dette sur le livret. Cette note créait un privilége au profit du patron créancier pour le payement de tout ce qui était dû : les chefs d'industrie qui employaient ultérieurement l'ouvrier étaient obligés de prélever jusqu'à entière libération une retenue *des deux dixièmes de son salaire quotidien*. Ainsi, de la simple inscription sur le livret, dérivait un privilége illimité qui s'appliquait à la totalité des avances.

Je ne méconnais point, mes amis, pas même depuis qu'elle a été modifiée, les intentions de l'ancienne loi ; si, d'un côté, elle avait voulu assurer le remboursement des avances, elle avait voulu, d'un autre côté, faciliter de cette manière aux ouvriers le moyen d'en obtenir. Je vous parlais tout à l'heure des nécessités qui peuvent peser sur un ouvrier et le contraindre à entamer son salaire futur. On peut citer le chômage des ateliers qui suspend le travail, les accidents de la vie de famille qui accroissent la dépense. Nous sommes impuissants contre ces vicissitudes inséparables de notre condition, à moins que notre prévoyance n'ait pu nous fournir, par l'épargne, un secours en cas d'éventualités malheureuses. Je n'élève donc aucune objection contre les avances ainsi motivées. Mais l'ouvrier n'engage-t-il jamais ses gains à venir qu'en face d'exigences graves et imprévues ! Les chefs de fabrique savent-ils toujours se refuser à des avances dont la nécessité n'est pas constante à leurs yeux ? Hélas ! non ; il y a malheureusement parmi les ouvriers des hommes prodigues, dissipateurs, qui se soucient peu de grever leur lendemain et de compromettre celui de leur famille. D'un autre côté, quelques entrepreneurs d'industrie pourraient bien, comme on l'a prétendu, spéculer sur cette faiblesse, sur cette imprévoyance, en vue de dominer ensuite les mouvements d'un ouvrier, et de l'empêcher de quitter leur établissement.

Quand le chiffre de la dette excède nos moyens de remboursement, nous ne nous appartenons plus. Si une hausse se déclare dans le prix de la main-d'œuvre, nous nous trouvons hors d'état de profiter de cette occasion favorable. Pour aller dans un autre atelier, où nous gagnerions davantage, il faudrait d'abord nous acquitter envers notre patron actuel, et nous ne le pouvons pas. En supposant même qu'un ouvrier obtînt son congé dans de pareilles circonstances, il se procurerait difficilement, avec un livret chargé d'avances, du travail dans un autre établissement. La plupart des patrons répugnent à se rendre solidaires, pour ainsi dire, du payement des dettes antérieures.

Ces conséquences, qui dérivaient de l'ancienne législation, étaient, vous le voyez, mes amis, très-fâcheuses pour nous ; elles tournaient aussi quelquefois, dans la pratique, contre l'intérêt des patrons. Se voyant privés de leur liberté, certains ouvriers prenaient leur travail en dégoût, et avaient recours à des moyens répréhensibles pour se faire renvoyer d'un atelier. On en voyait d'autres qui renonçaient à leur industrie et cherchaient à s'engager dans des genres de travaux où la représentation du livret n'était pas exigée, enlevant ainsi au créancier toute espèce de garantie pour le remboursement de sa créance.

Qu'était-il arrivé de là? Ouvriers et patrons s'étaient plaints du système légal établi en fait d'avances. Pour mettre fin à ces plaintes, la nouvelle loi fixe à 30 francs le chiffre des sommes qui peuvent être inscrites sur le livret de l'ouvrier, et sont remboursables au moyen de la retenue. Le taux de cette retenue est abaissé de moitié ; au lieu des *deux dixièmes* du salaire journalier, il n'est plus que d'*un dixième*. Le nouveau patron est, d'ailleurs, astreint comme auparavant à prévenir celui au profit duquel la retenue a lieu et à en tenir le montant à sa disposition.

L'avance placée sous l'égide d'un privilége spécial étant limitée à *trente francs*, elle ne dépasse plus, en général, la somme qu'un ouvrier peut généralement parvenir à payer. Moyennant cette limitation, la liberté individuelle demeure à l'abri de ces hypothèques qui la paralysent ou l'anéantissent. Cependant, mes amis, mon conseil reste inébranlablement le même : tâchez de ne rien prélever sur votre gain futur. Moins vous aurez besoin des autres, et plus vous serez libres. Réduites à 30 francs, les avances privilégiées cessent d'ouvrir la voie aux abus dont chacun se plaignait autrefois ; mais elles ajouteront toujours à la dépendance de l'ouvrier [1].

Je n'aurais pas tout dit sur cette matière, si je n'exprimais un sentiment qui est au fond de vos âmes. Privilégiée ou non, la dette est sacrée pour nous ; parce que le privilége légal n'existe pas, nous n'en sommes pas moins débiteurs, pas moins obligés de rendre ce que nous avons reçu. Si, dans un moment de gêne, nous trouvons un patron qui nous prête, comme il s'en rencontre quelquefois, sans inscrire la dette ou bien en dehors des limites fixées pour le privilége, c'est un motif de plus

----

[1] Les avances antérieures à la loi de 1851 restent sous l'empire des anciennes dispositions, pourvu que le montant en ait été arrêté sur le livret par le président du conseil de prud'hommes, ou, à défaut d'un tel conseil, par le uge de paix, dans les deux mois qui ont suivi la promulgation de cette loi.

pour nous de le rembourser promptement. Nous ne devrions pas quitter son atelier avant le payement intégral de la créance. A vous parler en toute franchise, mes amis, l'hypothèque placée sur la confiance qu'inspire un ouvrier laborieux, dont les antécédents sont irréprochables, me paraît encore la plus sûre comme la plus morale de toutes. Celle-là me blesse moins que l'autre, mais j'aime encore mieux rester tout à fait libre ; à moins que Dieu ne me frappe d'un malheur inattendu, je ne recourrai jamais aux avances, et je vous conseille d'adopter la même règle de conduite.

DOUZIÈME ENTRETIEN.

Sur la durée du travail.

Origine et motifs de la loi qui limite le travail dans sa durée.

Mes amis, l'homme est borné en tout, aussi bien dans sa force physique que dans la portée de son esprit. Son intelligence, qui franchit le temps et l'espace, qui peut s'élancer de la terre et remonter jusqu'à Dieu, trouve cependant à chaque pas des mystères qui l'arrêtent et des problèmes qu'elle ne peut résoudre. La force du corps est encore bien plus limitée : qu'un de vous essaye de soulever la poutre sur laquelle vous êtes assis, et tous ses efforts se briseront contre cette masse immobile ! La simple lame de fer qui coupe transversalement le guichet de la porte d'entrée, nul de vous ne réussirait à la rompre ou à l'arracher. Nous ne pouvons ni courir, ni marcher, ni porter un fardeau, ni parler, ni rester debout au delà d'un certain temps, sans que nos membres épuisés se refusent à la volonté qui leur commande.

Voilà bien l'homme tel que la nature l'a fait : borné dans ses forces et obligé de se reposer fréquemment pour redevenir capable de nouveaux efforts. Mais, singulier contraste! admirable effet de la supériorité de notre esprit sur la matière qui nous environne! la forme humaine crée des forces bien plus puissantes qu'elle, elle construit ces grues gigantesques qui enlèvent en un clin d'œil de pesants fardeaux, ces appareils mécaniques qui font mouvoir cent métiers à la fois. Dans l'usine où nous travaillons, les marteaux se soulèvent, les outils fonctionnent, le fer se meut et s'aplanit, les machines à mortaiser, à fileter, à raboter, marchent autour de nous comme animées d'une vie qui leur serait propre. Quelle main conduit l'harmonieuse cadence de ces masses inertes? l'œil n'aperçoit même pas le foyer d'où part ce mouvement ininterrompu; on entend seulement mugir la machine à vapeur qui communique à tous ces instruments une vie factice, mais énergique.

En ce moment même, vous voyez sur le chemin de fer voisin une locomotive frémissante traverser, en volant, la grande prairie communale. Combien faudrait-il de bras pour l'arrêter dans sa marche? Qui l'a faite pourtant? Qui en a combiné les ressorts ingénieux? Qui a découvert la puissance de la vapeur enfermée? Et maintenant, que l'homme essaye de lutter avec cette œuvre de ses mains, et il sera tout aussitôt vaincu et brisé! Ainsi, ses plus magnifiques créations viennent témoigner à la fois de sa puissance et de sa faiblesse. En même temps qu'elles font éclater les prodigieuses ressources du génie humain, elles nous rappellent que nos forces sont bornées, sans compter qu'elles sont encore assujetties par la nature à l'invincible besoin de repos fréquents. Un travail continu comme celui de la machine qui sort de nos mains nous est impossible. Un travail trop prolongé épuise celui qui s'y livre, et par des infirmités précoses tarit bientôt les sources de la vie.

Les conditions de notre organisation veulent donc absolument que la durée du travail soit limitée. Elle peut l'être, soit par l'empire d'usages généralement admis, soit par la volonté intelligente de l'individu, soit enfin par une loi civile qui vient prêter sa sanction à une loi naturelle.

Je vous ai dit l'autre jour comment il était devenu nécessaire d'imposer des règles au travail des enfants dans les manufactures, usines et ateliers. Les limites légales mises à la durée du travail des adultes sont nécs d'abus du même genre. Il y avait, il est vrai, pour les enfants, dès qu'on ne s'en reposait pas entièrement sur la vigilance paternelle, une raison de plus d'intervenir en leur faveur : c'est qu'ils sont incapables de stipuler pour eux-mêmes; mais les autres motifs s'appliquent aussi bien aux adultes qu'aux enfants. On s'était aperçu que l'industrie, pressée par les nécessités d'une âpre concurrence, soumettait le travail humain à une trop rude contribution. La longueur des journées dépassait souvent toute mesure; c'était, parmi les manufacturiers, à qui travaillerait le plus vite et le plus longtemps; tout excès de ce genre qui s'introduisait dans un établissement s'imposait forcément aux autres. On a voulu les ramener tous à une règle uniforme, qui leur permît de lutter, sous ce rapport, à armes égales et qui n'excédât pas les limites ordinaires de la force humaine. Tel avait été l'objet d'un décret fameux, précipitamment rendu, dont la loi qui nous régit a continué la pensée, en cherchant à l'approprier aux exigences du travail manufacturier [1].

Vous avez entendu dire, mes amis, et je crois moi-même avoir prononcé devant vous quelques mots sur ce sujet, qu'avant la révolution de 1789, l'industrie était hérissée de règlements et d'entraves : cela est vrai ; mais la différence est grande entre l'objet même des conditions imposées alors et celui des règles beaucoup moins nombreuses qui prévalent aujourd'hui. Avant 1789, les conditions atteignaient les produits du travail. On voulait seulement en constater les dimensions, les qualités, etc. Aucun frein ne protégeait le travail même ; aujourd'hui, c'est principalement le travail que la loi tend à couvrir : c'est l'ouvrier qu'elle a voulu aider, en attendant qu'il pût suffisamment se protéger lui-même. Sans être bien fort en histoire, il m'est avis qu'assimiler ici les deux époques, ce serait se méprendre sur le fond des choses. Un abîme sépare, si je ne me trompe, les deux régimes. Des idées d'affranchissement ont passé par là ; mais le travailleur affranchi a eu besoin de l'égide des lois pour que le domaine de sa liberté fût à l'abri d'atteintes auxquelles il se trouvait incapable de résister seul.

Vous avez, mes amis, trop vécu dans les ateliers pour ne pas savoir que, dans telle ou telle circonstance, la liberté laissée à elle-même ne serait, pour le grand nombre, qu'un vain mot. Quand la concurrence, par exemple, faisait prolonger le travail quinze et seize heures sur vingt-quatre, encore sans tenir compte du temps nécessaire aux ouvriers pour aller à la fabrique et pour en revenir ; quand les fabricants, entraînés par l'exemple de quelques-uns d'entre eux, étaient contraints à intro-

___

[1] Décret du 2 mars 1848. — Loi du 9 septembre 1848.

duire dans le règlement de leurs usines une aussi dure condition, il est bien permis de le dire, ce n'était pas là de la liberté. Nous n'aimons guère, sans doute, les réglementations qui gêneraient la vie ordinaire sans nécessité absolue et sans résultat utile. Notre bon sens nous dit assez haut que l'autorité ne peut pas venir se charger à tout propos de nos affaires. Ce principe cependant ne va pas jusqu'à interdire de mettre une barrière à des abus constants, tant que les ouvriers isolés et les fabricants eux-mêmes, au milieu des ardeurs de la lutte, sont impuissants à les empêcher.

Après avoir ainsi mis en lumière les causes qui avaient donné naissance à la loi, nous renverrons à un autre jour l'examen des conditions imposées à la durée du travail.

TREIZIÈME ENTRETIEN.

Sur la durée du travail. (Suite.)

Limites et règles tracées par la loi.

Si vous vous rappelez bien, mes amis, notre dernier entretien, vous savez que la loi relative à la durée du travail n'est pas une loi arbitraire, introduite sans de graves raisons dans le code de l'industrie. Vous connaissez les faits qui l'ont motivée, les abus auxquels elle a voulu remédier. Nous allons voir aujourd'hui les dispositions qu'elle contient.

Cette loi fixe à douze heures au plus sur vingt-quatre la durée du travail effectif; elle n'est applicable que dans les manufactures et usines; elle n'atteint pas les ateliers proprement dits, où la règle dépend, soit de l'usage, soit de l'accord entre les parties. Elle respecte naturellement le foyer domestique, et chacun est libre de travailler chez soi autant qu'il lui plaît. Mais, dans les établissements assujettis à la loi, le travail à la tâche, aussi bien que le travail à la journée, est soumis à la limitation déterminée ; autrement, il serait trop aisé, la plupart du temps, d'éluder les prescriptions légales, qui deviendraient bientôt illusoires.

Le temps de douze heures est un maximum ; il ne saurait être dépassé sans qu'il y ait contravention. En vain serait-il allégué qu'une convention spéciale est intervenue entre les patrons et les ouvriers pour prolonger la durée du travail quotidien ; une telle convention serait nulle de plein droit. Si ces conventions-là étaient permises, on serait exposé à voir des chefs d'établissement les exiger des ouvriers, moralement forcés d'y souscrire. Comme ces exemples, rares d'abord si l'on veut, seraient bientôt généralement imités par suite des nécessités de la concurrence, nous rétrograderions vers le point de départ, je veux dire vers les abus qui avaient rendu la loi nécessaire.

Le même danger n'existe pas si des conventions particulières viennent réduire la durée du travail à un terme de moins de douze heures ; on n'a pas le même motif pour les interdire. Aussi la loi a-t-elle d'abord consacré expressément les usages qui fixent une durée inférieure à la limitation légale. L'usage est réputé provenir d'une nécessité constatée par l'expérience. Telle industrie exige en moins de temps une plus grande dépense de force ; telle autre présente des inconvénients pour la santé de ceux qui s'y livrent, et le travail a besoin d'y durer moins longtemps. Voilà les considérations qui donnent naissance à un usage et le rendent respectable.

Mais s'il existe des conventions librement intervenues entre les patrons et les ouvriers pour abréger le temps du travail, n'est-ce pas aussi une présomption que des nécessités pratiques motivent une limitation particulière? De telles conventions n'équivalent-elles pas à un usage? Ne peut-on pas dire même qu'elles en sont toujours le point de départ? La loi, il est vrai, ne maintenait expressément que les conventions antérieures au 2 mars 1848; mais il était impossible dès le principe d'entendre cette disposition en un sens limitatif pour l'avenir. On n'avait pas voulu sanctionner les dérogations récentes qui auraient pu être faites à des usages anciens sans motifs suffisants, sous la pression des événements politiques et en dehors du libre consentement d'une des parties. Telle était l'intention bien évidente des termes de la loi. Pour l'avenir, le droit des patrons et des ouvriers restait plein et entier sous ce rapport. Aujourd'hui la question même ne serait pas possible : les uns et les autres peuvent convenir, quand ils le veulent, que le travail durera moins de douze heures.

En cas de contravention à la loi, la peine prononcée frappe ici, comme dans le cas d'infractions aux règles sur le travail des enfants, les chefs des manufactures et usines. L'ouvrier n'est pas atteint, et il ne pourrait pas l'être équitablement. C'est aux patrons qu'il appartient, en effet, comme nous avons déjà eu l'occasion de le faire remarquer, de déterminer le régime du travail dans leurs fabriques; ce sont eux qui fixent l'heure où la journée commence, et celle où la journée finit. A eux revient donc justement la responsabilité. Si le patron prolonge le travail des ouvriers au delà des limites légales, il est passible d'une amende de 5 à 100 francs. Les infractions donnent lieu à autant d'amendes qu'il y a d'ouvriers indûment employés, sans que la somme totale puisse s'élever au-dessus de 1,000 francs. L'économie de la loi, mes amis, est, vous le voyez, des plus simples : limitation du travail effectif à douze heures; respect des usages et des conventions librement établis; enfin amende contre le patron en cas d'infraction à la règle : voilà les éléments du système qui régit la durée du travail dans les manufactures et usines.

Il me reste cependant encore, pour en finir avec ce sujet, à vous parler du cas où des exceptions peuvent être faites au principe général.

QUATORZIÈME ENTRETIEN.

De la durée du travail. (Suite.)

Des exceptions à la règle qui fixe la durée du travail à douze heures.

Je vous en ai prévenus, mes amis, il nous reste encore un point à éclaircir, une question à nous poser relativement à la durée du travail. Cette question, la voici :

Toutes les industries s'accommodent-elles de la limitation à douze heures? N'y a-t-il pas, par exemple, des travaux dont la nature résiste à cette limitation? Ne peut-il pas aussi se présenter des cas de force majeure qui rendent une prolongation indispensable? Il suffit, mes amis, d'avoir vu de près un certain nombre d'industries, pour reconnaître qu'en effet des exigences spéciales nécessitent parfois des mesures exceptionnelles. Courber toutes les fabrications sous le même niveau, ce serait porter à quelques-unes un coup mortel.

En présence de nécessités aussi diverses, la loi avait laissé au gouvernement le soin de préciser les exceptions qu'il y aurait lieu d'admettre. Point de dérogations à la règle générale sans d'impérieux motifs ; il faut rester dans le terme de douze heures le plus souvent possible. Tels sont les principes qui dominent cette matière.

Un décrèt est intervenu pour déterminer les cas d'exception[1], et il les a divisés en deux catégories. La première embrasse certains travaux industriels qui, non-seulement ne peuvent se renfermer dans la limite commune, mais dont la nature ou des considérations d'intérêt public ne permettent pas de préciser rigoureusement la durée. En voici l'énumération : travail des ouvriers employés à la conduite des fourneaux, étuves, sécheries ou chaudières à débouillir, lessiver ou aviver ; travail des chauffeurs attachés au service des machines à vapeur, des ouvriers employés à allumer les feux avant l'ouverture des ateliers, des gardiens de nuit ; travaux de décatissage ; fabrication et dessiccation de la colle forte ; chauffage dans les fabriques de savon ; mouture des grains ; imprimeries typographiques et imprimeries lithographiques ; fonte, affinage, étamage, galvanisation de métaux ; fabrication de projectiles de guerre.

Le décret accorde encore une exception absolue : 1° pour le nettoiement des machines à la fin de la journée ; 2° pour les travaux que rend immédiatement né-

---

[1] Décret du 17 mai 1851.

cessaires un accident arrivé à un moteur, à une chaudière, à l'outillage ou au bâtiment même d'une usine
ou tout autre cas de force majeure. Le nettoiement en
dehors des heures réglementaires était indispensable
pour que le travail effectif ne subît pas de réduction.
Quant aux accidents survenus dans une usine, nous
sommes mieux placés que personne pour apprécier
combien il importe d'abréger autant que possible un
chômage funeste à tous les intérêts, et plus encore aux
nôtres peut-être qu'à ceux des chefs d'établissement.

La dernière catégorie d'exceptions comprend certains
travaux auxquels il est possible d'assigner, au delà de
la limite de douze heures, un terme précis : ainsi une
heure supplémentaire est accordée à la fin de la journée
pour le lavage et l'étendage des étoffes dans les teintu-
reries, blanchisseries et dans les fabriques d'indiennes,
afin qu'une partie de la besogne commencée ne reste pas
inachevée. On ne peut jamais être bien sûr, en effet, de
prendre une quantité d'étoffes dont le lavage et l'étendage finiront juste avec la journée ordinaire. L'exception est portée à deux heures dans les fabriques et raffine-
ries de sucre et dans les fabriques de produits chimiques.
Une semblable facilité de deux heures est encore
attribuée pour les travaux de tous genres, et non plus
exclusivement pour le lavage et l'étendage, aux teintu-
reries, aux imprimeries sur étoffes, aux ateliers d'apprêt
d'étoffes et de pressage, mais seulement pendant cent
vingt jours ouvrables par an, au choix des chefs d'établissement. Pour ces dernières industries, on a voulu
tenir compte de l'alternative de chômage et d'excessive
activité qu'elles éprouvent par suite des changements de
la saison, des exigences de la mode, des occasions de

ventes à l'extérieur. Toutefois, le chef d'usine qui se trouve dans le cas d'user de cette exception doit faire savoir préalablement au préfet, par l'intermédiaire du maire qui délivrera récépissé de la déclaration, les jours pendant lesquels il se propose de prolonger le travail. L'autorité peut alors vérifier aisément s'il, dépasse le nombre déterminé.

Le gouvernement qui autorise les dérogations à la règle générale avait le droit d'y mettre les conditions jugées nécessaires pour prévenir les abus. Mais il était essentiel, en pareille matière, que la ligne tracée fût simple et facile à suivre. Aussi avez-vous pu voir que les formalités à remplir sont nulles, sauf le cas où une déclaration est exigée.

Si je vous ai parlé, mes amis, de cette dernière formalité, c'est afin que vous vous fassiez une idée exacte d'un ordre de chose qui nous touche de fort près ; dans la pratique de la vie, cependant, nous n'aurons point à nous en occuper. C'est aux chefs d'établissement à remplir la condition prescrite. Ils supportent encore ici la responsabilité de l'irrégularité commise. La même peine peut être prononcée, en cas d'infraction aux règlements de l'autorité concernant les exceptions, qu'en cas de contravention à la loi elle-même.

La prolongation du labeur au delà du terme légal soulève une question qui nous intéresse immédiatement. Quand le travail est prolongé, avons-nous droit à une rétribution supplémentaire? Sans aucun doute. Ce n'est pas la loi qui le décide ainsi ; la loi, je vous l'ai dit, n'intervient pas dans la fixation du taux des salaires, elle ne s'occupe que du fait même de la durée du travail ; elle laisse aux parties le soin de débattre les conditions de leur accord. C'est le bon sens, c'est la justice qui veut que tout travail excédant la limite ordinaire soit rétribué à part. Si le travail s'exécute à l'heure, chaque heure comporte naturellement un salaire correspondant. S'il se paye à la journée, tout le temps qui dépasserait la durée habituelle en vue de laquelle le chiffre du salaire a été fixé, donne lieu à une rétribution proportionnelle. Voilà, par exemple, les imprimeries sur étoffes, qui marchent habituellement douze heures, et qui sont autorisées à marcher treize ou quatorze heures pendant une certaine époque de l'année; les ouvriers ont droit à un supplément équivalent de salaire et librement débattu. A défaut de convention expresse, les conseils de prud'hommes n'hésiteraient pas dans une contestation sur ce point.

Une observation est nécessaire, cependant, en ce qui concerne le nettoiement des machines. Souvent, le samedi de chaque semaine, immédiatement après la cessation des travaux, quelques ouvriers restent dans l'atelier durant une heure ou deux pour cette opération. Il peut sans aucun doute être stipulé entre les parties que ce travail entraînera une rétribution proportionnelle; mais il faudrait que la convention fût expresse sur ce point; autrement, si rien n'avait été convenu, le nettoiement serait regardé comme un supplément obligatoire pour l'ouvrier, et dont il a été tenu compte lors de la fixation du prix de la journée. Dans le cas où cette opération, au lieu d'arriver une fois par semaine, se reproduirait à intervalles plus rapprochés, je conseillerais aux parties de s'entendre formellement sur la question du payement, afin d'éviter des contestations ultérieures, toujours funestes.

En général, les heures supplémentaires sont payées plus cher que les autres. Après douze heures de travail, dans certaines industries, deux heures, par exemple, sont comptées pour trois. Rien de plus juste : l'effort, en se prolongeant, devient plus pénible, La loi respecte, d'ailleurs, toutes ces conventions particulières ; elle n'aurait pu y rien changer sans manquer à son principe essentiel.

En dehors des exceptions accordées, la durée du travail effectif dans les manufactures et usines ne doit point, je vous le répète, excéder douze heures sur vingt-quatre ; mais il s'agit, bien entendu, du travail d'un même ouvrier. L'organisation des relais reste dans le droit commun. Le gouvernement s'en est formellement expliqué. Il n'y avait pas lieu, a-t-il dit, de ranger cette faculté parmi les exceptions, parce que la loi n'avait pas dérogé sur ce point aux principes ordinaires. Tout chef d'établissement est donc libre, comme par le passé, de tenir ses ateliers en activité aussi longtemps qu'il le juge à propos, pourvu que le travail soit organisé par séries, et que chaque ouvrier ne soit point occupé plus de douze heures sur vingt-quatre.

Telles sont, mes amis, les règles qui résultent, soit de la loi, soit du décret rendu pour en compléter la pensée, en ce qui concerne la durée du travail. Il nous importe de les bien connaître, afin de donner toujours ce que nous devons et de pouvoir réclamer ce qui nous est dû.

QUINZIÈME ENTRETIEN.
Sur le travail du dimanche et des jours fériés.

A la question de la durée du travail se rattache étroitement celle de l'interruption des travaux les dimanches et jours fériés. Dans cette usine, la question est résolue pour nous : les ateliers sont fermés les dimanches et fêtes. Est-ce bien? Vaudrait-il mieux qu'il n'y eût point d'interruption ou qu'elle eût lieu un autre jour de la semaine? Vaudrait-il mieux, par exemple, travailler le dimanche et chômer le lundi?

L'adoption d'un jour de repos après un certain nombre de jours de fatigue est un des besoins de notre nature aussi bien qu'un précepte de la religion. La division du temps en périodes de sept jours n'est pas un fait arbitraire imposé à un seul peuple par le caprice d'une législation d'hier. Si j'ai bien retenu ce que j'ai entendu dire à de plus savants que moi, ce mode de grouper les jours, outre qu'il repose sur la plus haute des traditions religieuses, a été à peu près universellement adopté. On peut donc considérer cette division du temps comme le résultat de l'expérience du genre humain.

Un jour de repos par semaine paraît la mesure la mieux appropriée aux nécessités de notre nature. Voyez ce qui se passe quand on travaille le dimanche. Y a-t-il un jour de labeur de plus par semaine? Cela arrive quelquefois, mais rarement. Le plus souvent, le jour du chômage est seulement déplacé. Si les travaux continuent le dimanche, on les voit s'interrompre le lundi, et trop fréquemment d'autres jours de la semaine. Qu'arrive-t-il? La première conséquence de cette interversion, c'est qu'on s'éloigne bien vite de tout acte religieux. On en perd non-seulement l'habitude, on en perd encore la pensée. Je regarde comme un grand malheur pour l'homme de se séparer ainsi de tout ce qui l'élève au-dessus des choses de la terre en dirigeant son âme vers Dieu. L'horizon de la vie est bien étroit, si nous le ren-

fermons dans les limites de notre passage ici-bas. D'un
autre côté, avec le chômage du lundi, un ouvrier ne se
repose plus en même temps que sa famille; ses enfants
sont à l'école ou en apprentissage, se femme a repris
son travail habituel, et lui seul peut disposer librement
de son temps. Je ne vous apprendrai rien en vous disant
que les distractions isolées sont plus coûteuses que les
distractions prises en commun; elles exposent à des
écarts nombreux; elles sont un mauvais exemple pour
les enfants et amènent un relâchement dans les liens de
famille. Il n'y a de vraiment douces que les joies par-
tagées.

Au point de vue purement industriel, des chômages
accidentels, au lieu du repos régulier du dimanche, peuvent entraîner un défaut de suite et d'accord dans la
direction des travaux de l'atelier, parfois un ralentisse-
ment dans la production, et rendre incertaine et même
impossible pour un jour fixe l'exécution des commandes.
Les plus graves considérations de morale, de famille et
d'intérêt matériel s'unissent pour recommander le chômage uniforme du dimanche.

Il s'y joint encore un intérêt inhérent aux relations
sociales. Dans l'état de société, le travail entraîne une
foule de rapports communs à tous les hommes. Si chacun se reposait suivant son caprice, si les ateliers fer-
maient à des jours différents, les transactions deviendraient infiniment plus difficiles. On ne serait jamais sûr
du moment où l'on pourrait trouver l'ouvrier à son travail. Il en résulterait des pertes de temps considérables,
qui se résument toujours en une diminution dans le
chiffre de la production totale d'un pays. Un des citoyens
les plus célèbres de la république des États-Unis, un

sage conseiller du peuple, dont le nom ne vous est pas inconnu, Franklin, recommandait d'économiser le temps : *C'est*, disait-il, *l'étoffe dont la vie est faite*. Le repos à jour fixe est le meilleur moyen d'économiser le temps de chacun et le temps de tout le monde.

Une loi de 1814 avait défendu d'ouvrir les ateliers et de travailler extérieurement les dimanches et fêtes reconnues par l'État; mais cette loi avait eu le malheur d'être liée à des intentions de l'ordre politique, que le temps peut déjouer si vite. Aussi, sans avoir été abrogée, est-elle demeurée à peu près constamment une lettre morte. La célébration des dimanches et fêtes peut-elle, d'ailleurs, dans l'état de notre droit public, devenir l'objet d'une prescription légale? Suivant mon humble pensée, l'obligation doit provenir des mœurs bien plus que des lois. Que le gouvernement donne l'exemple dans ses arsenaux et dans ses chantiers, rien de plus juste, de plus moral, de plus nécessaire. Si une loi intervenait aujourd'hui en cette matière, jamais elle ne pourrait avoir pour but de contraindre personne à célébrer le dimanche; elle pourrait seulement empêcher que personne ne fût contraint à travailler ce jour-là. La loi serait faite alors au profit de la liberté et non pas contre elle. Elle n'atteindrait pas l'ouvrier qui travaille: il est seul juge ici de son intérêt et de son devoir; mais elle s'adresserait au patron, au chef d'industrie patenté qui aurait obligé ses ouvriers à travailler les dimanches et jours de fêtes légales. De cette manière, sans violer aucun principe, en laissant l'ouvrier pleinement libre, la loi réagirait insensiblement sur les habitudes de l'industrie. Voilà tout ce qu'elle peut, si elle ne veut pas sortir de son domaine et compromettre le succès de la pensée même qui l'aurait dictée. Quant à nous, mes amis, nous n'attendrons pas cette loi, si elle doit venir, et nous continuerons à consacrer le dimanche au repos et à l'accomplissement de nos devoirs religieux.

SEIZIÈME ENTRETIEN.

Sur le contrat de louage d'ouvrage.

Obligations et droits de l'ouvrier qui loue son travail.

Vous n'ignorez pas, mes amis, ce que signifie le mot *louer :* louer, c'est mettre une chose qui nous appartient au service d'une autre personne, pendant un certain temps et pour un certain prix. Ainsi, on loue une maison, un champ, moyennant une rente ; on loue une somme d'argent, et l'intérêt payé représente le prix du louage ; on loue des meubles, des habits, des chevaux, etc. Tout ce qui est susceptible, d'après nos lois, de devenir une propriété particulière, peut être l'objet d'un louage. Ce qui se loue forme ce qu'on appelle un capital. Le travail, l'industrie de l'homme, ont été aussi considérés comme une propriété particulière, comme un capital, et sont susceptibles, à ce titre, d'être donnés et pris à louage.

§ Ier. *Objet et nature du contrat de louage d'ouvrage.* — Louer son travail, c'est s'obliger à faire quelque chose pour une personne qui s'engage à payer en retour un prix ou un salaire. Si vous voulez y réfléchir un peu, vous serez frappés, mes amis, du caractère spécial de ce louage-là. Dans les cas dont je vous ai cité tout à l'heure des exemples, on loue des choses matérielles : un champ, une maison, des meubles. Ici, le contrat a pour objet une chose immatérielle, une chose qu'on ne peut saisir. Une conséquence très-grave dérive de cette différence : celui qui a loué un objet matériel peut être contraint à le livrer; mais quand il s'agit d'un travail à exécuter, on ne saurait contraindre à un acte la volonté qui s'y refuse. Alors l'inexécution de l'engagement peut seulement donner lieu à des dommages-intérêts.

§ II. *Conditions générales du contrat.* — Dans le louage d'ouvrage, comme dans tout contrat, les parties qui interviennent doivent être majeures ou légalement assistées de leur père, mère ou tuteur. La femme, même séparée de biens, a besoin du consentement de son mari; mais pour des conventions qui se forment verbalement entre les patrons et les ouvriers, on n'est pas aussi rigoureux que dans les autres actes de la vie civile. Des usages, fondés sur les exigences de la vie industrielle, font un peu fléchir ici la rigueur des principes. Ainsi, nous le voyons tous les jours, on présume l'autorisation du tuteur ou du mari, quand ceux-ci ne se sont pas opposés au louage. On ne demande pas non plus la preuve authentique de l'âge, et les conseils de prud'hommes tiennent pour valide un engagement contracté avec un mineur qui passait généralement pour majeur. Sachez que l'incapacité de contracter ne pourrait, d'ailleurs, être invoquée que par l'ouvrier incapable, et non par celui qui le fait travailler.

Trois conditions sont essentielles pour la formation du contrat de louage d'ouvrage : le consentement des parties, un prix à payer et un travail à faire.

Le consentement doit être donné librement et en connaissance de cause. Il peut être tacite, et résulter de certains faits qui autorisent évidemment à le supposer.

Le prix est débattu entre les parties et fixé d'un commun accord; quelquefois, il résulte d'un usage invariablement suivi dans une industrie ou même dans un atelier. Il peut être réglé à l'heure, au jour, à la semaine, au mois ou bien à façon pour une certaine quantité de travail. En général, il est évalué et payé en monnaie légale. Le prix en marchandises n'est pas défendu par la loi; mais il ne se suppose pas, il faut que la convention en ait été faite expressément. La faculté de payer en denrées ou marchandises quelconques entraîne, du reste, de graves abus et des contestations journalières qu'il importe d'éviter. Le prix doit être payé à l'époque déterminée par la convention ou par l'usage et sans retenue, à moins qu'il n'y ait eu malfaçon. Toute autre retenue est illégale, par exemple, celle qui s'opère quelquefois parce qu'on paye l'ouvrier en monnaie blanche au lieu de le payer en sous.

L'ouvrage à faire doit aussi présenter certaines conditions pour que le contrat soit valable. Il faut que cet ouvrage soit possible; il faut qu'il ne soit pas contraire aux bonnes mœurs ou défendu par la loi.

Quand nous nous engageons, nous prenons l'obligation de faire le travail avec soin, en temps utile, suivant les indications données, et, si nous sommes dans un atelier, d'exécuter le règlement intérieur. L'ouvrier répond des pertes de temps, malfaçons, dommages causés par sa négligence, mais sous une réserve analogue à celle dont je vous ai parlé en matière d'apprentissage, à savoir que le patron n'a rien à se reprocher au point de vue de la nature du travail confié, de la qualité des matières ou de la surveillance exercée. L'ouvrier doit compte de la matière qui lui a été remise, surtout quand il travaille chez lui.

Celui qui loue notre industrie prend aussi envers nous des obligations qui constituent notre droit. Il doit nous mettre à même d'exécuter la convention en nous fournissant des matières premières convenables et de bons outils, suivant l'usage : il doit aussi payer le prix stipulé aux époques fixées. Il ne peut nous demander que le genre d'ouvrage pour lequel nous nous sommes engagés, et les travaux qui s'y rattachent. Je veux vous faire remarquer ici que le patron pourrait être condamné, suivant les cas, à des dommages-intérêts, à l'égard d'un ouvrier, pour les accidents ou blessures occasionnés par le mauvais outillage de sa fabrique, mais seulement si l'ouvrier n'avait pas pu connaître à l'avance le véritable état des choses.

Les parties sont libres, du reste, dans tous les cas, de stipuler dans le contrat de louage d'ouvrage toutes les conditions qui leur plaisent, et la convention intervenue devient une loi pour elles. A défaut de convention, on consulte la nature du travail et l'usage des lieux pour établir leurs droits respectifs.

§ III. *Preuve du contrat.* — Le contrat de louage d'ouvrage est un contrat de bonne foi qui se conclut presque toujours verbalement[1], et s'interprète en consultant principalement l'usage et l'équité. En cas de contestation sur le fait du louage, la preuve de la convention peut se faire par témoins, toutes les fois que le prix calculé pour toute sa durée ne dépasse pas 150 francs, ou bien s'il existe déjà un commencement de preuve par écrit. Le juge saisi de la question peut, d'ailleurs, toujours tenir compte des circonstances, et suppléer à la preuve in-

----

[1] S'il y avait un acte, il devrait être sur papier timbré.

complète par des présomptions graves, précises, concordantes. Sur toutes les difficultés relatives à la preuve du contrat, il a le droit de déférer le serment à l'une ou à l'autre des parties, mais seulement quand la demande, sans être pleinement établie, n'est pas dénuée de preuve.

Si la difficulté porte, soit sur le prix convenu pour louage d'ouvrage entre un ouvrier et celui qui l'emploie, soit sur le payement du salaire de l'année échue, ou sur les à-compte donnés pour l'année courante, le patron en est cru sur son affirmation sous serment (art. 1781 C. Nap.). C'est là une exception aux principes du droit commun, qui a été l'objet de plusieurs critiques; il n'est pas douteux du moins qu'elle ne doive être rigoureusement limitée, tant qu'elle existe, aux cas qui sont expressément énoncés dans la loi. Ainsi, l'affirmation ne s'applique qu'à la quotité du prix, aux salaires de l'année échue et de l'année courante, et jamais au louage à façon; elle n'est pas reçue en ce qui concerne, soit la durée du contrat, soit le temps pendant lequel il aurait déjà couru.

§ IV. *Durée du louage d'ouvrage.* — On ne peut engager ses services qu'à temps ou pour une entreprise déterminée. Louer ses services à perpétuité, ce serait aliéner sa liberté, abdiquer sa dignité d'homme. Une loi déjà ancienne[1], mais qui n'a point été abrogée sous ce rapport, porte que l'engagement d'un ouvrier ne pourra excéder un an, à moins que l'ouvrier ne soit contre-maître, conducteur des autres travailleurs, ou qu'il n'ait un traitement et des conditions stipulées par un acte

---

[1] Loi du 22 germinal an XI.

écrit. Mais, même dans ce dernier cas, l'engagement ne pourrait ni être perpétuel, ni comprendre une partie de la vie assez étendue pour former une véritable aliénation de la liberté individuelle. Quand on loue ses services pour une entreprise déterminée, il faut que l'ouvrage ait un terme fixe, résultant de la nature des choses. Ainsi, un tisserand pourrait s'obliger à exécuter un certain nombre de mètres de tissu ; toutefois, ce nombre ne devrait pas atteindre à un chiffre excessif qui sortirait complétement des usages industriels.

La durée de l'engagement varie suivant le lieu et le genre de fabrication ; elle est quelquefois d'un mois, quelquefois de quinze jours, mais le plus souvent d'une huitaine.

Dans le louage à façon, alors même que l'exécution du travail n'admet pas un temps fixe, on stipule souvent, malgré cela, que l'ouvrage sera livré à une certaine époque, et qu'un retard emportera une retenue sur le prix convenu. Faute de livraison après un certain délai, la résiliation du contrat peut aussi être demandée par le fabricant, avec des dommages-intérêts. Lorsqu'on n'a pas déterminé l'époque de la livraison, il est sous-entendu que cette livraison ne sera pas indéfiniment reculée, et aura lieu dans le délai habituellement stipulé pour les affaires du même genre ; sans cela, le fabricant pourrait éprouver des pertes, faute d'avoir à sa disposition ses produits en temps utile.

Dans beaucoup d'industries, l'usage exige que les parties se préviennent mutuellement de leur intention de se quitter. Le congé se donne partout verbalement, et, en général, huit jours à l'avance. Dans le louage à façon, la nécessité d'un congé est un cas exceptionnel ;

l'ouvrier remet l'ouvrage, et l'engagement est fini. Cependant, pour certaines fabrications, le congé est obligatoire. Ainsi, dans les pays de tissage, lorsqû'un tisserand a travaillé pour un fabricant durant un certain temps, il doit l'avertir quelques jours à l'avance qu'il ne pourra plus travailler pour lui; mais, en tous cas, l'ouvrier à façon est obligé de finir le travail commencé, sous peine de dommages-intérêts. A défaut de congé, le contrat se renouvelle pour une période de temps ou une quantité d'ouvrage que l'usage seul détermine.

Nous causerons un autre jour de la responsabilité de l'ouvrier par rapport à la matière du travail, et des divers cas de résiliation du contrat.

DIX-SEPTIÈME ENTRETIEN.

Sur le contrat de louage d'ouvrage. (Suite.)

De la responsabilité de l'ouvrier par rapport à la matière du travail — Comment finit le contrat.

Mes amis, lorsqu'on charge quelqu'un de faire un ouvrage, on peut convenir qu'il fournira seulement son travail ou son industrie, ou bien qu'il fournira aussi la matière. Quand la matière est fournie par l'ouvrier, le contrat tient tout à la fois du louage d'ouvrage et de la vente. L'un ou l'autre de ces caractères domine dans l'acte, suivant que le travail a plus d'importance que la matière, ou la matière plus que le travail.

§ Ier. *Responsabilité de l'ouvrier.* — Dans le cas où l'ouvrier fournit non-seulement son travail, mais aussi la matière, si l'objet vient à périr, de quelque manière que ce soit, même par force majeure, avant d'être livré, la perte en est pour l'ouvrier. parce qu'il est encore propriétaire de la chose. Cependant, s'il avait mis la personne qui a commandé l'ouvrage en demeure d'en prendre livraison, et si les objets n'étaient restés dans sa main que par la volonté de cette dernière, la mise en demeure équivaudrait à une livraison, et exempterait l'ouvrier de la responsabilité des risques [1].

Dans le cas où l'ouvrier fournit seulement son travail ou son industrie, si la chose vient à périr, par exemple si elle a été volée ou détruite par un incendie, il n'est pas responsable, à moins que la perte n'ait eu lieu par sa faute. C'est à l'ouvrier à prouver qu'il y a eu force majeure, et qu'il a exercé la surveillance nécessaire. En le supposant exempt de faute, a-t-il droit à un salaire? Non, si la chose est détruite avant que l'ouvrage ait été reçu et sans que celui qui l'a commandé fût mis en demeure de le vérifier. On doit toutefois excepter le cas où la chose n'aurait péri que par suite des mauvaises qualités de la matière, mais dans ce cas-là même, si le vice était assez visible pour qu'un homme du métier ait pu s'en apercevoir, l'ouvrier aurait dû prévenir l'autre partie, ou bien il perdrait encore son droit à un salaire. L'ouvrier qui ne fournit pas la matière, étant responsable de sa faute jusqu'à la livraison, et pouvant jusque-là voir compromettre le fruit de son travail, même par un événement de force majeure, a le plus grand intérêt à effectuer la livraison dans le plus court délai possible. Quelquefois, il est obligé d'attendre que l'ouvrage soit entièrement achevé ; quelquefois, au contraire, lorsqu'il

---

[1] L'usage industriel n'est point d'employer un huissier pour la mise en demeure; elle peut résulter d'une invitation écrite ou même verbale, pourvu qu'elle puisse être prouvée.

s'agit d'un travail à plusieurs pièces ou à la mesure, la vérification et la livraison peuvent s'opérer par parties. Dans ce dernier cas, il fera bien de délivrer chaque partie séparément, afin de réduire sa responsabilité. Si le propriétaire de la matière paye l'ouvrier en proportion de l'ouvrage exécuté, la vérification est censée avoir eu lieu pour toutes les parties payées. La responsabilité de l'ouvrier se trouve à couvert en ce qui regarde ces diverses parties, à moins qu'il n'ait garanti pour un certain temps la bonté ou la solidité de l'ouvrage [1].

§ II. *Comment finit le contrat.* — Le contrat de louage d'ouvrage ou d'industrie peut finir de diverses manières. Le mode le plus habituel consiste dans l'achèvement et la remise de l'œuvre commandée, si le louage est à façon; dans l'expiration du temps fixé expressément ou tacitement, si le louage est à terme. Les parties peuvent toujours y mettre fin avant l'échéance par leur consentement réciproque. J'ai déjà fait la même observation à propos du contrat d'apprentissage. Mais voici un cas tout nouveau de résiliation : celui qui a commandé l'ouvrage a le droit de rompre, par sa seule volonté, le marché à forfait, quoique l'ouvrage soit déjà commencé. Cette faculté se justifie par ce motif, que diverses circonstances, des pertes de fortune, par exemple, peuvent placer tout à coup l'homme qui a donné une commande dans l'impossibilité de la faire achever. Plus le droit

---

[1] Il convient d'ajouter ici, pour l'instruction d'un ordre spécial de travailleurs, que les maçons, charpentiers et autres ouvriers qui ont été employés à la construction d'un bâtiment ou d'autres ouvrages faits à l'entreprise, ont une action directe contre celui pour lequel les ouvrages ont été faits, mais seulement jusqu'à concurrence de ce dont ce dernier se trouve débiteur envers l'entrepreneur au moment où l'action est intentée.

d'une des parties est ici exorbitant, et plus le droit de l'autre avait besoin d'être sauvegardé. Aussi l'ouvrier doit-il alors être dédommagé de toutes ses dépenses, de tous ses travaux, et de tout ce qu'il aurait pu gagner dans l'entreprise.

Le lien du contrat est encore brisé par la mort de l'ouvrier. Les héritiers de ce dernier ne pourraient pas se croire autorisés à exécuter eux-mêmes ou à faire exécuter le travail convenu. La considération de la personne de l'ouvrier est toujours regardée comme une condition déterminante du contrat de louage. S'il y avait déjà eu cependant un commencement d'exécution, le propriétaire pourrait être tenu de payer à la succession une part du prix convenu proportionnée à la valeur des ouvrages faits et à celle des matériaux préparés, lorsque ces travaux ou ces matériaux pourraient lui être utiles. Le contrat n'est pas dissous par la mort de celui qui a commandé le travail; ses héritiers le représentent. Mais il y aurait encore résiliation, si l'ouvrier ou le patron était appelé au service militaire, ou bien si un cas de force majeure, un incendie, par exemple, venait rendre impossible l'achèvement des travaux entrepris. Ces divers cas de résolution s'appliquent aussi bien au louage à façon qu'au louage à temps.

Enfin, mes amis, nous rencontrons une dernière cause de rupture, c'est l'inexécution, par l'une des parties, des conditions convenues; mais ici la résiliation ne s'opère point de plein droit; il faut que la partie lésée la demande en justice. Le tribunal examine alors les faits et tient compte des circonstances. Il peut accorder un délai pour l'exécution, s'il n'y a pas eu un terme rigoureusement fixé entre les parties. Il peut allouer des dommages-intérêts pour le retard sans rompre le contrat, aussi bien qu'en le déclarant rompu. La résolution est un moyen extrême ; elle ne doit être prononcée que si l'exécution est devenue absolument impossible.

Devant quel tribunal la plainte doit-elle être portée ? C'est devaut le conseil des prud'hommes, s'il en existe un daus la localité et si l'industrie dont il s'agit est rangée sous sa juridiction. A défaut de conseil de prud'hommes, le juge de paix prononce sans appel en cette matière, quand l'objet de la contestation ne dépasse pas 100 francs, et à charge d'appel, quelle que soit la valeur de la demande[1].

Je ne veux pas, mes amis, terminer cet exposé des règles du contrat de louage d'ouvrage, sans arrêter votre esprit sur une observation que j'ai déjà faite dans notre dernier entretien. Ce contrat est un contrat de bonne foi. Voulez-vous éviter des embarras, des contestations, des procès, apportez de la bonne foi dans l'exécution, toujours de la bonne foi. Vous remplirez ainsi votre devoir, et vous n'en servirez que mieux la cause de votre intérêt.

DIX-HUITIÈME ENTRETIEN.

Sur le marchandage et les tâcherons.

Marchandage permis et marchandage défendu.

Mes amis, au louage d'ouvrage à façon se rattache le contrat connu dans l'industrie sous le nom de *marchandage*. On qualifie ainsi une convention par laquelle un

---

[1] Voir plus loin, à la fin du vingt et unième entretien, la note relative au timbre et à l'enregistrement de certains actes.

sous-entrepreneur, dit *marchandeur* ou *tâcheron*, s'engage envers un entrepreneur à exécuter, pour le compte de ce dernier, un ouvrage ou une partie d'ouvrage compris dans une entreprise, moyennant une certaine somme. Ce mode de convention n'est pas en usage dans tous les genres de travaux ; c'est dans l'industrie du bâtiment, parmi les maçons, charpentiers, serruriers, menuisiers, qu'il se produit le plus ordinairement. Toutefois des sous-entreprises ou marchandages ont lieu aussi dans quelques autres industries, telles que le tissage des étoffes destinées à l'armée, la fabrication des objets d'équipement, la construction des routes, etc.

Le marchandage a été considéré comme une cause de dépression des salaires. Les *tâcherons*, a-t-on dit, acceptent toujours sur le marché primitif une baisse de prix souvent considérable, qui forme le gain du premier entrepreneur ; *ils n'ont ensuite qu'un moyen de réaliser eux-mêmes un bénéfice, c'est de pressurer le travail*, en réduisant aux plus étroites proportions le salaire des ouvriers qu'ils emploient. C'est d'après ces motifs que le marchandage a été prohibé par le décret du 2 mars 1848, dont un article réglait aussi la durée du travail. La partie du décret concernant ce dernier objet a été abrogée, comme nous l'avons dit dans un précédent entretien ; mais l'article relatif au marchandage subsiste toujours. Un arrêté rendu vingt jours plus tard place cet article sous la sanction d'une peine sévère [1]. Si les juges hésitaient devant l'application de cette peine, il resterait encore une sanction d'un autre genre, qui peut

---

[1] Amende de 50 à 100 francs pour la première fois, de 100 à 200 francs en cas de récidive, et, s'il y avait double récidive, emprisonnement de un à six mois. (Arrêté des 21-24 mars 1848.)

éventuellement produire des effets fâcheux pour le
sous-entrepreneur, quand le contrat qu'il a passé rentre
dans les termes de la prohibition. Dans ce cas, en effet,
si un marchandeur, éprouvant des difficultés pour se
faire payer par le premier entrepreneur, recourait aux
tribunaux, son action serait repoussée comme prenant
sa source dans un contrat illégal. En principe, toute
obligation est nulle, j'ai déjà eu l'occasion de vous le
dire, quand elle est défendue par la loi ou contraire aux
bonnes mœurs. Cette sanction, comme vous le voyez,
ne manque pas de force. {Quant à l'ouvrier qui travaillerait pour un marchandeur, comme il est étranger à la
violation de la loi, son action en payement de son salaire
ne devrait pas être repoussée pour ce motif.

Vous n'auriez pas, mes amis, une idée suffisante de
cette matière, si je ne vous faisais pas remarquer à quel
point de vue doivent se placer ici les tribunaux, pour
apprécier les causes dont ils seraient saisis. L'interdiction du marchandage étant une exception au droit commun, c'est-à-dire à la liberté des conventions, il ne faut
pas détourner le mot *marchandage* du sens qu'il a dans
le décret, ni en étendre la signification. Ce que la loi
veut ici interdire, c'est le fait d'une exploitation des ouvriers par des sous-entrepreneurs ouvriers. Trois circonstances sont nécessaires pour que le contrat tombe
sous la prohibition : une première entreprise; l'intervention d'un ouvrier qui vient marchander une partie
du travail; et enfin le fait matériel d'une exploitation
des ouvriers employés. Si l'ouvrier tient directement le
travail de celui qui le fait exécuter, ou si le sous-entrepreneur n'est pas ouvrier, il n'y a pas de contravention
à la loi. J'ajoute, mes amis, qu'il n'y en aurait pas da-

vantage, si la rétribution payée aux ouvriers établissait nettement qu'il n'y a pas là une exploitation abusive. Je suppose, par exemple, que, dans une industrie où le taux des salaires est parfaitement déterminé, où chacun sait le prix d'une journée de travail, je suppose qu'une portion d'ouvrage soit prise à la tâche par un ouvrier qui se fait ensuite aider par d'autres. S'il paye à ces derniers le salaire habituel, sans aucune réserve, il n'y a pas là un marchandage emportant une exploitation dans le sens du décret du 2 mars. On comprend qu'on ait voulu fermer la porte à ces conventions haineuses, qui se résolvent ensuite forcément en des abaissements excessifs du taux des salaires ; mais ce serait un malheur, dans l'état actuel de notre régime industriel, d'étouffer l'esprit d'entreprise parmi les ouvriers, et de leur rendre impossible tout acte qui en ferait participer un certain nombre, sans préjudice pour les autres, aux bénéfices de l'entrepreneur. L'ouvrier doit pouvoir utiliser toutes ses facultés, tirer parti de tous ses moyens pour améliorer son état.

Dans les cas où les sous-entreprises pourraient être permises, l'ouvrier marchandeur se trouve, au point de vue de la loi, dans la position d'un ouvrier à l'égard de l'entrepreneur général, et dans celle d'un entrepreneur à l'égard de ses ouvriers. Il répond du fait des personnes qu'il emploie, comme en répond l'entrepreneur lui-même [1].

---

[1] En matière de marchandage, on stipule souvent un dédit au profit de l'entrepreneur général. Le marchandeur s'oblige à payer une certaine somme, si le travail n'est pas fini à un moment déterminé. C'est là une sorte de clause pénale qui reçoit son exécution conformément aux règles ordinaires.

Si vous vous engagez jamais, ce qui n'est guère pro-
bable, dans une affaire de ce genre, veillez, mes amis, à
ne pas enfreindre la prohibition prononcée, et rappelez-
vous bien la nature des obligations que vous contractez.

DIX-NEUVIÈME ENTRETIEN.

Sur les mesures réglementaires relatives au tissage et au bobinage.

Je vais vous parler, mes amis, des mesures relatives
à deux industries spéciales, parce qu'il est bon que vous
connaissiez l'ensemble des lois qui régissent le travail
industriel. C'est en 1850, pour la première fois, que des
dispositions réglementaires ont été appliquées par la loi
au tissage et au bobinage. Vous reconnaîtrez aisément
dans ces dispositions une de ces limitations mises au
principe de la liberté du travail, que je vous avais an-
noncées dès le début de nos entretiens.

Le mode suivi pour le règlement du prix entre le
fabricant, d'une part, le tisserand et les bobineuses,
d'autre part, avait soulevé depuis plusieurs années de
nombreuses et vives réclamations. Dans le tissage, la
longueur des chaînes remises au tisserand variait à la
volonté du fabricant. Ces chaînes n'étaient pas mesurées,
et l'ouvrier était payé comme si la chaîne avait eu une
longueur invariable indiquée par un usage ancien, depuis longtemps mis en oubli. Pour le bobinage, les
choses se passaient à peu près de la même façon. Les
poignées de fil remises aux bobineuses, qui ancienne-
ment aussi se composaient d'une quantité fixe de matière, avaient été demesurément grossies, sans que le
salaire fût augmenté.

Ces abus, vous le voyez, mes amis, causaient à l'ouvrier un préjudice incontestable. Les manufacturiers eux-mêmes ressentaient les suites de cet état de choses. A tout moment, les conditions ordinaires de la concurrence pouvaient être dérangées par les pratiques d'un fabricant qui, pour produire à meilleur marché que ses rivaux, allongeait davantage les chaînes du tisserand ou grossissait davantage les poignées de fil des bobineuses. Il était de l'intérêt de tout le monde que la loyauté des conventions fût replacée sous l'égide de prescriptions invariables, et que l'ouvrier eût toujours, comme le fabricant, la connaissance exacte et positive de l'étendue du travail demandé.

Pour atteindre ce but, la loi veut que le tisserand ou la bobineuse ait un livret spécial qui reste entre ses mains, et dont le patron ne peut pas plus exiger le dépôt que pour le livret ordinaire. Au moment où un fabricant, commissionnaire ou intermédiaire, remet des fils pour être tissés, il est tenu d'inscrire sur le livret du tisserand : 1° le poids et la longueur de la chaîne; 2° le poids de la trame et le nombre des fils de trame à introduire par mètre de tissu [1]; 3° les longueur et largeur de la pièce à fabriquer, soit au mètre de longueur ou au kilogramme de la trame introduite dans le tissu.

Lorsqu'il s'agit de fils à bobiner, l'inscription portée

---

[1] L'ouvrier étant responsable, en principe, des matières qui lui sont remises, il lui importe d'en connaître exactement le poids. L'indication du nombre des fils de trame à introduire dans le tissu est non-seulement importante pour l'ouvrier comme élément de son travail, mais indispensable dans la fabrication de certains tissus où la quantité de *duites* dans une surface donnée influe sur le genre de l'étoffe autant que sur le prix de revient.

sur le livret indique : 1° le poids brut et le poids net de la matière à travailler [1] ; 2° le numéro du fil ; 3° le prix de façon, soit au kilogramme des fils à bobiner, soit au mètre de longueur de ces mêmes fils.

Le prix de façon doit être indiqué en monnaie légale [2] et l'ouvrage remis au fabricant, commissionnaire ou intermédiaire, de qui l'ouvrier a reçu la matière première. Le compte de façon doit être arrêté au moment même de cette remise [3]. Cependant la loi n'entend pas qu'il ne puisse être jamais dérogé à ces trois dernières conditions. Mais, en laissant aux parties la faculté de faire une convention contraire, elle exige que le patron la mentionne expressément sur le livret. Elle a voulu que l'attention de l'ouvrier fût ainsi constamment éveillée

[1] Le poids net représente la matière à travailler; le poids brut, cette même matière, plus les bobines vides. L'ouvrier a besoin de connaître le poids net pour se rendre compte de la quantité d'ouvrage qu'il doit faire, et le fabricant a besoin de connaître le poids brut, puisque c'est ce dernier seulement qu'il peut vérifier, quand les fils lui sont rapportés sur les bobines.

[2] La mention du prix de façon en monnaie légale a pour but de faire connaître nettement à l'ouvrier comment il sera payé, et d'empêcher qu'après avoir compté sur un salaire en argent, il ne puisse être contraint à le recevoir en marchandises ou en denrées. On a entendu aussi, dans la discussion de la loi, que le prix réel devrait être payé intégralement, sans escompte, bonification ou retenue quelconque autre que celle qui résulterait de malfaçon.

[3] L'obligation de remettre l'ouvrage exécuté au fabricant, au commissionnaire ou intermédiaire de qui l'ouvrier a reçu la matière première, ainsi que celle d'arrêter le compte de façon au moment même de la remise, a pour but de prévenir les difficultés résultant des distances qui séparent communément les ouvriers des fabricants eux-mêmes. On a voulu que tout pût se régler entre les parties qui ont traité, et que l'intermédiaire ne pût renvoyer le tisserand à un fabricant souvent éloigné.

sur les conditions dont il s'agit. Le fabricant, commissionnaire ou intermédiaire, copie ensuite sur un registre toutes les indications portées sur le livret.

Il n'est plus possible, dès lors, qu'une des parties soit tenue dans l'ignorance des conditions du contrat. Mais il fallait être sûr que le mesurage ou le pesage des matières pourrait toujours avoir lieu ; que l'on n'alléguerait pas l'impossibilité d'y procéder, faute des instruments nécessaires. La loi prévient tout faux-fuyant. Le fabricant, commissionnaire ou intermédiaire, est astreint à tenir constamment exposés aux regards, dans le lieu où se règlent habituellement les comptes entre lui et l'ouvrier, les instruments nécessaires pour peser et mesurer les matières. La loi doit aussi être affichée dans le même endroit, afin que les dispositions en soient toujours présentes à l'esprit des parties.

Si le fabricant n'inscrivait pas toutes les mentions voulues sur le livret de l'ouvrier et sur son registre ; s'il n'avait pas les instruments nécessaires au pesage et au mesurage, ou s'il n'affichait pas la loi, il commettrait une contravention qui le rendrait passible d'une amende de 11 à 15 francs. C'est le juge de paix, jugeant en simple police, qui serait compétent pour en connaître. Il devrait être prononcé autant d'amendes qu'il aurait été commis de contraventions distinctes. En cas de récidive, c'est-à-dire si, dans les douze mois qui ont précédé la contravention, le fabricant avait encouru une première condamnation, le tribunal aurait la faculté d'ordonner l'insertion du nouveau jugement dans un journal de la localité, aux frais du contrevenant [1].

---

[1] La loi laisse au gouvernement la facilité d'étendre les dispositions

La loi dont je viens de vous parler est favorable aux
intérêts des tisserands et des bobineuses ; mais elle de-
viendrait bientôt une lettre morte, si, dans la pratique,
les ouvriers qu'elle concerne n'étaient pas attentifs à en
réclamer l'exécution. C'est à eux de se protéger eux-
mêmes ; c'est à eux d'avoir toujours leur livre de compte
et de demander qu'on y porte les mentions légales. Les
lois, mes amis, ne font jamais les choses qu'à demi, ou
plutôt elles nous garantissent seulement les moyens de
les faire nous-mêmes. Intelligent et libre, l'homme doit
prendre en main la défense de ses intérêts ; c'est par sa
propre vigilance qu'il doit ici, comme toujours, s'assurer
les avantages dont la loi a entendu lui conférer le bénéfice.

VINGTIÈME ENTRETIEN.

Sur les conseils de prud'hommes [1].

Organisation de ces conseils.

Mes amis, nous avons une justice spéciale appropriée
aux nécessités du travail industriel, prompte, peu coû-
teuse et dont la conciliation forme le principal caractère :
c'est la justice des conseils de prud'hommes. Bien qu'un
semblable conseil n'existe pas encore dans ce canton,
vous n'ignorez pas que ce tribunal de famille est chargé
spécialement de réconcilier ou de juger les petits différends qui s'élèvent, soit entre des fabricants et des ouvriers, soit entre des chefs d'atelier et des compagnons

qu'elle renferme aux industries qui se rattachent au tissage et au bobinage.

[1] L'institution des conseils de prud'hommes date de 1806. Le nombre
de ces conseils est de quatre-vingts.

ou apprentis[1]. Les conseils de prud'hommes sont institués par le gouvernement dans les lieux où les manufactures, les fabriques et ateliers ont assez d'importance pour donner matière à leur action. On s'occupe, dit-on, d'en créer un dans cette commune; c'est un motif de plus pour nous de chercher à connaître une institution qui se mêlera de si près, dans quelque temps, aux intérêts de notre vie laborieuse.

L'organisation des conseils de prud'hommes a été plusieurs fois remaniée. Un premier système avait été établi par la loi du 18 mars 1806 et par le décret impérial du 11 juin 1809, modifié le 20 février 1810; ce sont ces actes qui ont créé l'institution. En 1848, le régime primitif reçut de grandes modifications; mais l'expérience ayant bientôt démontré que les changements effectués amenaient des frottements fâcheux et des embarras réels, une loi du 1er juin 1853 est venue poser les bases d'une organisation mieux appropriée aux besoins actuels que celle de 1810, moins compliquée que celle de 1848. C'est de cette organisation que je dois seulement vous parler.

Le nombre des membres est fixé par le decret qui institue un conseil de prud'hommes[2], sans que ce nombre puisse être inférieur à six, non compris le président et le vice-président. Chaque conseil doit compter un

---

[1] A défaut d'un conseil de prud'hommes, c'est le juge de paix qui prononce sur les contestations dont il s'agit, sans appel jusqu'à 100 francs, et à charge d'appel à quelque somme que la demande puisse s'élever.

[2] Les conseils de prud'hommes sont établis par décrets délibérés en conseil d'État, après avis des chambres de commerce ou des chambres consultatives des arts et manufactures, et du conseil municipal de la commune où le conseil doit siéger.

nombre égal d'ouvriers et de patrons désignés, les uns
et les autres, par voie d'élection. Les patrons, réunis
en assemblée particulière, nomment les prud'hommes
patrons. Les contre-maîtres, chefs d'atelier [1] et les ouvriers, également réunis en assemblée particulière,
nomment les prud'hommes ouvriers. Pour être admis
dans l'assemblée des patrons, il faut avoir vingt-cinq
ans accomplis et être patenté depuis cinq années au
moins, et l'être depuis trois ans dans la circonscription
du conseil. L'assemblée des ouvriers se compose des
chefs d'atelier, contre-maîtres et ouvriers, âgés de vingt-
cinq ans accomplis, exerçant leur industrie depuis cinq
ans au moins, et domiciliés depuis trois ans dans la
circonscription du conseil. N'oubliez pas qu'en outre
les ouvriers astreints à l'obligation du livret doivent
justifier, pour être inscrits sur la liste électorale, qu'ils
sont en règle sous ce rapport.

Dans chaque commune de la circonscription, le maire,
assisté de deux assesseurs qu'il choisit, l'un parmi les
électeurs patrons, l'autre parmi les électeurs ouvriers,
inscrit les électeurs sur un tableau qu'il transmet au
préfet. La liste électorale est dressée et arrêtée par le
préfet ; elle est ensuite déposée à la mairie de la commune où siége le conseil et communiquée à tout requé-
rant. Les réclamations qu'elle peut susciter doivent être
produites dans un délai de dix jours.

L'assemblée des ouvriers est présidée par le juge de
paix, et celle des patrons par le suppléant du juge de
paix. Au premier tour de scrutin, la majorité absolue

---

[1] On désigne sous le nom de chef d'atelier l'ouvrier qui façonne à son
propre domicile, soit seul, soit avec l'aide de quelques compagnons, des
matières à lui confiées par un marchand fabricant.

7

des suffrages est nécessaire pour qu'il y ait élection ; la majorité relative suffit au second tour. En cas de partage égal des voix entre deux candidats, le plus âgé est préféré. S'il s'élève des réclamations, il en est fait mention au procès-verbal, et le recours est ouvert devant les conseils de préfecture, ou, s'il y a une question d'état, devant les tribunaux civils.

Pour compléter l'exposé du système électoral en vigueur, je dois vous dire encore que tous les électeurs sont éligibles, pourvu qu'ils soient âgés de trente ans et qu'ils sachent lire et écrire. Les étrangers, les faillis non réhabilités, les individus qui auraient subi certaines condamnations, notamment des condamnations pour des actes contraires à la probité et aux bonnes mœurs, ne peuvent être portés sur les listes électorales [1].

Les conseils sont renouvelés tous les trois ans par moitié ; les membres sont rééligibles. Lorsque, par un motif quelconque, il y a lieu de procéder au remplacement d'un ou de plusieurs membres d'un conseil de prud'hommes, le préfet convoque les électeurs. Tout membre élu en remplacement d'un autre ne demeure en fonctions que pendant la durée du mandat confié à son prédécesseur. Un prud'homme qui, sans motifs légitimes, refuserait de faire son service, peut, après avoir été mis en demeure par le président, être considéré comme démissionnaire [2]. Les conseils peuvent être dissous par un décret.

[1] Les détails se trouvent dans l'article 15 de la loi du 2 février 1852, auquel se réfère la loi sur les prud'hommes.

[2] Une loi récente, la loi du 4 juin 1864, sur le régime disciplinaire des prud'hommes, décide, en effet, que tout membre qui, sans motifs légitimes et après mise en demeure, se refuserait à remplir le service

Les conseils de prud'hommes ont un président et un vice-président, dont la nomination a été réservée au chef de l'État, et qui peuvent être pris en dehors du corps électoral. Ni le président ni le vice-président ne doivent être considérés comme appartenant soit à la représentation des patrons, soit à la représentation des ouvriers. Leurs fonctions consistent à maintenir l'équilibre entre des intérêts divers. Ces fonctions durent trois années, mais les mêmes personnes peuvent y être appelées de nouveau. Les président, vice-président et prud'hommes prêtent le serment prescrit par la constitution.

Un secrétaire est attaché à chaque conseil de prud'hommes ; cet agent est nommé et peut être révoqué par le préfet, sur la proposition du président. Le conseil choisit un des huissiers de la localité pour assister à ses audiences et exécuter les actes qui dépendent de sa juridiction. Le conseil se divise en deux bureaux : 1° le bureau particulier ou de conciliation ; 2° le bureau général ou de jugement.

Le bureau de conciliation est composé de deux membres, l'un patron et l'autre ouvrier, et présidé par le

auquel il est appelé, pourra être déclaré démissionnaire, après l'accomplissement de certaines conditions et formalités. C'est un arrêté du préfet qui déclare la démission, sur laquelle, en cas de réclamation, il est statué définitivement par le ministre du commerce, sauf recours au Conseil d'État pour cause d'excès de pouvoir. La même loi porte encore que tout membre d'un conseil de prud'hommes qui aurait gravement manqué à ses devoirs dans l'exercice de ses fonctions, pourra de même, après l'accomplissement de certaines conditions et formalités, être frappé des peines suivantes : la censure, la suspension pour un temps qui ne peut excéder six mois, la déchéance. Les deux premières peines sont prononcées par arrêté ministériel ; la troisième par décret. Le prud'homme contre lequel la déchéance aura été prononcée ne peut être élu aux mêmes fonctions pendant six ans.

président ou le vice-président du conseil, ou, en leur absence, par le prud'homme patron. Le bureau particulier est chargé de concilier les parties. Le bureau général ou de jugement est formé au moins de deux prud'hommes patrons et de deux prud'hommes ouvriers, quel que soit le nombre des membres dont se compose le conseil. Il statue sur les contestations qui n'auraient pu être terminées par voie de conciliation.

Appeler à participer aux élections tous les justiciables qui ne sont pas frappés d'une incapacité légale, tel est le principe dominant de l'organisation des conseils de prud'hommes. Le régime électoral est, comme vous l'avez vu, des plus simples; cependant, pour qu'il produise de bons fruits, il faut que chaque électeur se fasse une loi d'assister exactement aux élections, que chacun y apporte des intentions droites, conciliantes, et s'y montre animé exclusivement du désir du bien. Il s'agit de constituer un tribunal chargé, comme je vous l'ai dit, de prononcer sur les discussions qui s'élèvent dans les rapports d'intérêt du patron et de l'ouvrier. Ce tribunal, une fois constitué, doit être calme, impartial, désireux de rendre à chacun ce qui lui appartient. Or, savez-vous, mes amis, quelle est la meilleure garantie que ces juges spéciaux de l'industrie rempliront dignement leur mandat? C'est que le corps électoral ait été pénétré de l'importance du choix à faire ; c'est que les électeurs aient mis dans leurs votes cette réflexion calme, cette attention scrupuleuse qui exclut l'intrigue ou la passion. Qu'ils nomment les hommes les plus honnêtes et les plus éclairés, et ils peuvent être sûrs de trouver plus tard en eux les juges les plus équitables. S'abstenir de voter, ce serait manquer à la fois à son devoir et à son intérêt.

VINGT-UNIÈME ENTRETIEN.

Sur les conseils de prud'hommes. (Suite.)

Attributions, juridiction et procédure.

§ Ier. *Attributions.* — Vous savez déjà, mes amis, quelle est la principale attribution des conseils de prud'-hommes. Elle consiste à concilier les différends qui s'élèvent entre les fabricants, les chefs d'atelier et les ouvriers, compagnons ou apprentis, pour des questions relatives au travail industriel, et à juger ces différends quand ils n'ont pu être conciliés.

Ils prononcent, en outre, sur les demandes relatives à l'exécution ou à la résolution des contrats d'apprentissage, et sur les réclamations dirigées contre des tiers en cas de détournement d'apprentis. Ils statuent, à défaut de stipulations expresses, sur les indemnités ou restitutions dues au maître ou à l'apprenti en cas de résolution du contrat d'apprentissage.

La première loi relative à l'institution des conseils de prud'hommes, celle du 18 mars 1806, les chargeait de faire une ou deux fois par an une inspection des ateliers, afin d'y recueillir des renseignements sur l'état et les besoins de la fabrication : cette mesure n'a jamais été exécutée d'une manière régulière et systématique. Mais les conseils doivent, quand ils y soit invités par l'autorité administrative, se réunir et donner leur avis sur les questions qui leur sont posées.

En matière de simple police, ils sont investis du droit de punir d'un emprisonnement de trois jours au plus, lorsqu'ils sont saisis de l'affaire par la partie plaignante, tout délit tendant à troubler l'ordre ou la discipline des ateliers, tout manquement grave des apprentis envers leurs patrons.

Enfin, outre leurs fonctions officielles, les prud'hommes exercent dans l'industrie une sorte de patronage moral pour le plus grand bien de la communauté laborieuse. Ce patronage, naturellement amical, revêt à l'égard des apprentis un caractère tout à fait paternel.

§ II. *Juridiction*. — La juridiction d'un conseil de prud'hommes, c'est-à-dire son pouvoir de juger, est limitée aux catégories d'industries pour lesquelles le conseil a été créé, et qui sont énumérées dans le décret d'institution. Elle se renferme également dans une circonscription déterminée ; mais c'est le siége de la fabrique pour laquelle un ouvrier travaille et non le domicile de ce dernier qui sert à déterminer la juridiction. Les prud'hommes ne connaissent pas des contestations qui se produisent entre les fabricants.

La juridiction des prud'hommes est une juridiction d'équité. Cela veut dire que les prud'hommes doivent consulter les notions de la justice, les intentions présumées des parties et les usages admis, pour tempérer ce qu'une loi ou une convention pourrait avoir de trop rigoureux, toutes les fois que la loi ou la convention n'est pas absolue dans ses termes.

§ III. *Procédure*. — Je vais vous entretenir maintenant, mes amis, des formes que vous auriez à suivre, s'il vous fallait recourir à un conseil de prud'hommes. Voici, en quelques mots, ce que vous auriez à faire : vous devriez vous rendre au secrétariat du conseil et prier le secrétaire d'inviter, par une lettre, la personne contre laquelle vous élèveriez une réclamation à comparaître à un jour fixé. La personne ainsi invitée est tenue de venir elle-même devant le bureau de conciliation, sans pouvoir être admise à signifier aucune écriture. Si elle ne comparaît pas, elle est citée par huissier, et au moins vingt-quatre heures à l'avance.

Le bureau particulier entend les parties sur le fait en litige; il les interroge, il cherche à les concilier. La conciliation s'opère dans le plus grand nombre des causes. Une part très-minime des contestations arrive jusqu'au bureau de jugement. Ce n'est pas à vous, mes amis, qu'il serait nécessaire de recommander de vous conduire devant les prud'hommes avec respect, et de vous expliquer avec modération. La modération est d'ailleurs pour chacun le meilleur moyen de faire valoir son bon droit. Si une des parties oubliait assez ce qu'elle doit à la justice et ce qu'elle se doit à elle-même pour se laisser aller à des insultes ou à des irrévérences graves, le bureau en dresserait procès-verbal, et il pourrait la condamner à un emprisonnement de trois jours au plus.

Dans les cas, heureusement fort rares, où les efforts du bureau particulier pour arriver à une conciliation restent inutiles, il renvoie les parties devant le bureau général, qui doit statuer sur-le-champ. La partie qui succombe est condamnée aux dépens. Telle est la règle ordinaire; néanmoins le tribunal peut compenser ces dépens entre les ascendants, descendants, frères et sœurs ou alliés au même degré, comme dans le cas où les parties succombent respectivement sur quelques points de la demande [1].

---

[1] Si le conseil se croyait incompétent à raison de la matière du procès, il renverrait les parties, même si le renvoi n'était pas demandé, à se pourvoir devant qui de droit. Une des parties pourrait nier une écriture produite dans le procès et vouloir s'inscrire en faux; dans ce cas, le

Les jugements sont signés par le président et par le secrétaire du conseil. Ils sont signifiés à la partie condamnée par l'huissier du conseil, et peuvent être mis à exécution vingt-quatre heures après la signification. Les conseils de prud'hommes connaissent des affaires de leur compétence, quelle que soit la valeur en litige ; mais il y a des distinctions à faire quant à l'exécution de leur jugement. Le jugement est définitif et sans appel si le montant de la condamnation n'excède pas 200 francs en capital. Au-dessus de 200 francs, il est sujet à l'appel devant le tribunal de commerce, s'il en existe un dans la circonscription du conseil, sinon devant le tribunal civil de première instance, qui en remplit les fonctions. Lorsque le chiffre de la demande excède 200 francs, le jugement de condamnation peut ordonner l'exécution provisoire et à titre de provision jusqu'à concurrence de cette somme, sans qu'il soit besoin de fournir caution. Pour le surplus, l'exécution provisoire ne peut être ordonnée que sous caution, en prévision du cas où le jugement des prud'hommes serait anéanti en appel. L'appel doit être formé dans les trois mois de la signification du jugement. Après ce délai, il n'est plus recevable.

Je vous ai parlé, mes amis, dans la supposition que les deux parties avaient comparu devant le conseil et développé réciproquement leurs raisons. Supposons, au contraire, que la partie citée d'abord par lettre, et puis par exploit d'huissier, ne comparaisse pas au jour indiqué ; le cours de la justice ne peut pas être entravé, la

président du conseil lui en donnerait acte, paraferait la pièce contestée, et renverrait également la cause devant les juges compétents, les prud'hommes ne pouvant connaître des inscriptions de faux.

cause est alors jugée par défaut[1]. Les jugements par défaut qui n'ont pas été exécutés dans le délai de six
mois sont réputés non avenus. La partie condamnée par
défaut peut, d'ailleurs, former opposition dans les trois
jours qui suivent la signification du jugement. L'opposition porte assignation pour la prochaine audience, en
observant seulement le délai de vingt-quatre heures
prescrit pour la citation. La rigueur de la règle concernant les délais d'opposition est tempérée par une exception qui tient au caractère paternel de la justice des
prud'hommes. Si le conseil savait par lui-même, ou par
les représentations que lui feraient les proches voisins
ou les amis de la partie citée, qu'elle n'a pu être instruite de la contestation, il aurait la faculté, tout en
prononçant le jugement par défaut, de fixer un délai
plus long pour l'opposition. Dans le cas même où cette
prorogation de délai n'aurait été ni accordée d'office ni
demandée, le défaillant pourrait encore être admis à
former opposition, en justifiant d'une absence ou d'une
maladie grave qui l'aurait empêché d'être instruit de la
contestation. A la différence de l'appel, l'opposition suspend l'exécution du jugement.

Si les jugements ne sont pas définitifs, comme ceux
qui ordonnent une enquête ou la visite d'une manufacture, ils ne sont pas expédiés quand ils ont été prononcés en présence des deux parties. On a pensé qu'il suffisait que les parties les eussent entendus. Ces décisions
ne peuvent être frappées d'appel qu'après le jugement
définitif et en même temps que ce jugement. Dans toute
affaire, le conseil peut ordonner la preuve testimoniale.

---

[1] Si le délai de vingt-quatre heures n'avait pas été observé, il serait
envoyé une seconde citation.

Il doit être procédé au jugement aussitôt que les témoins ont été entendus, ou au plus tard à l'audience suivante. Le secrétaire ne dresse procès-verbal des dispositions des témoins que dans les causes sujettes à l'appel.

On pourrait, mes amis, récuser un ou plusieurs prud'-hommes, c'est-à-dire refuser de les accepter pour juges, si on savait qu'ils ont un intérêt personnel à la contestation, ou s'ils sont parents ou alliés de l'une des parties jusqu'au degré de cousin germain exclusivement. Il en serait de même : 1° si, dans l'année qui a précédé la récusation, il y avait eu procès criminel entre eux et l'une des parties ou son conjoint, ou ses parents et alliés en ligne directe ; 2° s'il y avait procès civil existant entre eux et l'une des parties ou son conjoint ; 3° s'ils avaient donné un avis écrit dans l'affaire [1].

Les prud'hommes peuvent aussi être pris à partie, c'est-à-dire être actionnés directement pour faits de vol, fraude ou concussion qu'ils auraient commis, soit dans le cours de l'instruction, soit lors des jugements, ou bien encore pour déni de justice, s'ils avaient refusé de prononcer leur sentence ou négligé les affaires en état et en tour d'être jugées. La prise à partie est portée devant la cour d'appel du ressort ; si elle est rejetée, celui qui a poursuivi peut être condamné à des dommages-intérêts envers les prud'hommes injustement attaqués.

Ces dernières procédures sont tout à fait exception-

---

[1] Dans le cas où les prud'hommes récusés refuseraient de s'abstenir, c'est le tribunal de commerce, directement saisi de la question par le président du conseil de prud'hommes, qui prononcerait sur la validité de la récusation. Toute la procédure s'accomplit dans un délai de treize jours. Le prud'homme a deux jours pour répondre aux faits allégués, le président du conseil trois pour renvoyer l'affaire au tribunal de commerce, et ce dernier tribunal doit rendre son jugement dans la huitaine.

nelles. Il suffit, mes amis, que vous les connaissiez d'une manière sommaire ; votre attention doit se fixer spécialement sur les formes à suivre dans les cas habituels ; aussi j'ai cru devoir vous donner sur ces formes des explications un peu plus étendues. Procédures simples, décisions rapides, frais extrêmement modérés, tels sont le caractère et le mérite de la juridiction des prud'hommes : vous pouvez maintenant le reconnaître vous-mêmes. Les parties doivent, dans leur intérêt bien entendu, se pénétrer de l'esprit de l'institution, et porter devant le bureau particulier les intentions les plus conciliantes [1].

VINGT-DEUXIÈME ENTRETIEN.

Sur les coalitions et les grèves.

Des changements qu'il nous importe de bien connaître ont été opérés depuis peu dans les articles du Code pénal concernant les coalitions. Oui, sans doute, mes amis, nous avons besoin de les bien connaître, afin de savoir ce qui est permis par la loi, ou plutôt ce qu'elle interdit encore. Il reste des cas où nous pourrions nous trouver compromis. Or, il ne s'agit plus seulement ici pour nous d'une question de salaire ou d'un contrat avec

[1] L'accès de la justice des prud'hommes se trouve facilité par une loi du 7 août 1850, portant que, dans les contestations entre patrons et ouvriers, les actes de procédure, ainsi que les jugements et les actes nécessaires pour en assurer l'exécution, seront rédigés sur papier visé pour timbre, et que l'enregistrement aura lieu en *débet*, c'est-à-dire à crédit jusqu'après la décision. Les mêmes dispositions sont applicables aux mêmes causes portées en appel ou devant la Cour de cassation. Elles sont étendues à toutes les causes de la compétence des conseils de prud'-hommes, portées devant les juges de paix dans les lieux où ces conseils ne sont pas établis. (Loi sur l'assistance judiciaire, 22 janvier 1851.)

notre patron ; il s'agit, en outre, de notre liberté. Il s'agit de savoir user régulièrement de notre droit, sans nous exposer à des poursuites et à des condamnations qui troubleraient plus ou moins profondément notre carrière.

Le fait même de la coalition avait été longtemps qualifié de délit ; il pouvait à lui seul entraîner des peines sévères. Depuis la loi du 25 mai 1864, la coalition n'est punissable que si elle est accompagnée de certaines circonstances particulières, ou, pour mieux dire, de certains actes portant atteinte à la liberté d'autrui. Un mot vous fera saisir la différence : nous devons à la loi nouvelle la faculté de pouvoir nous entendre les uns avec les autres sur les conditions du travail, sur toutes les stipulations à débattre avec les chefs d'etablissement. Ainsi, tandis que la liberté de s'entendre était jadis interdite aux ouvriers, elle ne l'est plus aujourd'hui. C'est à nous seulement de savoir nous en servir avec la réflexion et l'esprit d'équité, qui sont, d'ailleurs des conditions du succès. Vous concevez bien, mes amis, que l'ancienne loi n'atteignait et ne pouvait pas atteindre la liberté de chacun de nous considéré individuellement. Autrement l'homme eût été lésé dans la plus sacrée de ses propriétés, celle de sa propre personne. Mais aussitôt qu'il y avait une entente, un accord, un concert entre plusieurs, l'interdiction commençait. Voilà, je ne crains pas de me répeter, la défense qui n'existe plus.

Vos regards semblent m'interroger sur les dispositions légales subsistant encore en matière de coalition ; j'y arrive. Vous en connaissez le but par ces mots déjà prononcés : *Punir certains actes portant atteinte à la liberté des autres*, Là-dessus, pas d'équivoque : cette disposition intéresse la liberté de l'ouvrier dans le travail. Pour que cette liberté existe, ne faut-il pas que chacun soit à même d'en profiter? Si quelques-uns pouvaient en être exclus arbitrairement par d'autres, ce ne serait plus la liberté. Il y aurait violence d'un côté et oppression de l'autre. Agissons comme nous le trouvons utile et juste, rien de mieux ; mais laissons le même droit à nos camarades. Quand on tient à sa propre liberté, il faut commencer par ne pas violer ni méconnaître celle d'autrui.

Procédant de ces idées, la loi actuelle punit d'un emprisonnement de six jours à trois ans, et d'une amende de 16 francs à 3,000 francs. ou de l'une de ces deux peines seulement, quiconque, à l'aide de violences, voies de fait, menaces ou manœuvres frauduleuses, aura amené ou maintenu, tenté d'amener ou de maintenir une cessation concertée de travail, dans le but de forcer la hausse ou la baisse des salaires ou de porter atteinte au libre exercice de l'industrie ou du travail. Lorsque les actes ainsi spécifiés auront été commis par suite d'un plan concerté, les coupables pourront être mis sous la surveillance de la haute police pendant deux ans au moins et cinq ans au plus. De même, seront punis d'un emprisonnement de six jours à trois mois, et d'une amende de 16 francs à 3,000 francs, ou de l'une de ces deux peines seulement, tous ouvriers, patrons et entrepreneurs d'ouvrage qui, à l'aide d'amendes, défenses, proscriptions, interdictions prononcées par suite d'un plan concerté, auront porté atteinte au libre exercice de l'industrie ou du travail [1].

[1] L'article 2 de la loi du 25 mai 1864 dit, en outre : « Les articles ci-

Je n'aperçois qu'une seule expression sur laquelle vous pouvez avoir besoin d'explications particulières : *manœuvres frauduleuses*. Vous savez tous ce que c'est que la violence, la voie de fait, la menace ; mais qu'est-ce qu'une manœuvre frauduleuse ? Je voudrais vous indiquer un moyen pour le reconnaître. D'abord, les mots *violences, voie de fait, menaces*, expliquent déjà de quels genres de manœuvres la loi a entendu parler. Chacun de nous, dans la pratique, peut encore trouver en lui-même une règle de conduite à peu près infaillible. On n'a qu'à s'adresser deux questions : l'acte ou la démonstration dont il s'agit, serions-nous contents qu'on l'employât envers nous-mêmes ? Serions-nous disposés à déclarer tout haut et devant tout le monde que nous y avons recouru envers autrui ? Voilà mes deux questions. Le mot *manœuvres*, surtout quand il reçoit la qualification résultant de cet autre mot *frauduleuses*, implique quelque chose de peu honnête et de peu avouable, qui ne laisse guère de place à l'incertitude. J'oserais ajouter que si, devant les tribunaux, le sens doit en être restreint très-rigoureusement dans le cercle indiqué, il n'en est pas de même devant notre propre jugement. Nous n'avons pas besoin, pour nous abstenir, qu'un acte soit positivement une *manœuvre* et une *fraude*.

dessus sont applicables aux propriétaires et fermiers, ainsi qu'aux moissonneurs, domestiques et ouvriers de la campagne. » — On voit que des peines pareilles frappent les coalitions d'ouvriers et les coalitions de patrons. Une inégalité choquante existait jadis, soit dans la définition du fait punissable, soit dans les peines prononcées. Les ouvriers étaient bien plus durement traités que les patrons. Une loi de 1849 avait supprimé ces différences entre les délits des uns et des autres. La loi de 1864, par l'ensemble de ses dispositions, n'a fait que rendre, sous ce rapport, la situation plus complétement semblable.

En matière de liberté du travail, montrons-nous plus scrupuleux. Faisons valoir nos raisons auprès des autres, agissons par voie de discussion, de persuasion : à la bonne heure ; mais interdisons-nous tout abus quelconque à leur égard. Nous ne serons ainsi que plus assurés d'obtenir la sympathie des hommes impartiaux et désintéressés [1].

Je sens, si je m'arrêtais-là, que je ne remplirais pas toute votre attente. Je vous dois mon avis sur les grèves en général. Je demeure parfaitement convaincu, quant à moi, que la liberté de s'entendre doit amener, à mesure qu'on en comprendra mieux la pratique, la suppression des grèves. Ce sera là un des principaux avantages de cette liberté. La grève est un moyen extrême, car c'est la lutte ouverte ; mais pour prévenir une telle extrémité, la condition évidente, c'est que les prétentions puissent être produites au grand jour et soumises à la discussion. Point de conciliation possible sans cela. A coup sûr, ce n'est pas quand le système de conciliation tend à prévaloir chaque jour de plus en plus dans les questions internationales, qu'il pourrait perdre du terrain dans les rapports relatifs à la production industrielle, où tant de liens puissants, tant de nécessités com-

---

[1] Quant aux réunions nécessaires pour s'entendre, on ne doit pas oublier que, pour les réunions publiques de même que pour les associations comprenant plus de vingt personnes, l'autorisation préalable doit être demandée. Il a été décidé, en 1866, que l'autorisation de se réunir serait accordée à tous ceux qui, en dehors de la politique, voudraient délibérer sur leurs intérêts industriels et commerciaux. Quand des conditions quelconques sont imposées en vertu des termes de la loi, on ne saurait se montrer trop attentif à les remplir, afin de ne pas s'exposer à être gêné, inquiété ou poursuivi. (Art. 291 du Code pénal, et loi du 10 avril 1834.)

munes doivent rapprocher les intérêts. Il reste à prendre à ce sujet des habitudes nouvelles. Les grèves coûtent trop cher aux ouvriers, sans parler des autres inconvénients qu'elles entraînent, pour que tout ami du travail ne souhaite pas de les voir conjurées. Dans ces guerres intestines, dans ces procès plus ou moins onéreux, c'est sur nous que retombent toujours le plus cruellement les dépenses et les frais. Ce mot de procès me rappelle qu'il y avait, dans la ville où j'habitais durant mon enfance, un ancien avocat qui s'était acquis une grande autorité par la sagesse et le désintéressement de ses conseils. Il engageait presque toujours les plaideurs à transiger avant d'entamer l'affaire. « Il est bien rare, disait-il, que, dans un procès, la partie même qui gagne n'ait pas eu encore plus d'intérêt à entrer en arrangement dès le début de la querelle. » Je crois, mes amis, qu'on peut en dire autant au sujet des dissidences qui surgissent entre les patrons et les ouvriers. C'est là toute ma conclusion [1].

VINGT-TROISIÈME ENTRETIEN.

Sur les sociétés coopératives d'ouvriers.

Le mot *coopérer* n'est pas nouveau pour nous : le sens ordinaire nous en est déjà connu. *Coopérer*, c'est unir ses efforts, ses moyens, aux efforts aux moyens d'une ou plusieurs autres personnes en vue d'arriver ensemble à un résultat déterminé. Cependant cette expression, *sociétés coopératives*, usitée depuis quelque temps,

[1] Sur l'histoire et les conséquences des coalitions et des grèves, voir notre livre les *Ouvriers d'à présent et la nouvelle économie du travail*, p. 41 et suiv.

a reçu de l'usage une signification plus précise. Quoiqu'il puisse y avoir des sociétés coopératives entre toutes personnes et pour les objets les plus différents, on a entendu communément parler d'associations formées entre ouvriers, et où le capital et le travail procèdent de la même origine et s'identifient l'un et l'autre. On divise ces sociétés en trois catégories : les sociétés de consommation, les sociétés de crédit, les sociétés de production. C'est uniquement de ces sociétés-là que je me propose de vous donner une idée.

I. *Sociétés de consommation.* — Les sociétés de ce genre ont pour objet l'achat d'articles de consommation courante, en vue de les revendre à des conditions plus avantageuses que celles qui se rencontrent généralement dans le commerce de détail. Bonne qualité, juste mesure et prix modérés, telles sont les trois garanties principales qu'elles s'appliquent à offrir. Leur calcul consiste, en achetant en gros, à épargner, au profit des consommateurs, les frais des intermédiaires, dont le nombre est parfois si démesuré.

Pour commencer de telles opérations, il faut avoir un capital, c'est vrai. Un exemple, dont il a été souvent question dans ces derniers temps, vous fera comprendre sans peine comment on peut se le procurer. Il y a un peu plus de vingt années, en 1844, quelques ouvriers tisserands d'une petite ville d'Angleterre, nommée Rochdale, avaient eu la pensée de recourir à de pareils arrangements. Ils étaient d'abord vingt-huit, puis quarante. Ils s'engagèrent à prélever sur leur salaire 20 centimes, et plus tard 31 centimes par semaine. Quand ils eurent ainsi réuni une petite somme, ils commencèrent leurs achats. Voilà comment il faut faire quand on n'a pas tout de suite quelques épargnes antérieures, ce qui est le cas le plus ordinaire parmi nous autres. Pour encourager les essais, je veux ajouter qu'en six ans, la société de Rochdale était arrivée à compter six cents membres et à posséder 57,475 francs. Depuis lors son capital a dépassé un million, et le chiffre de ses affaires annuelles, 6,500,000 francs [1].

Une règle absolue que cette société s'était tracée, et qui a été généralement suivie dans les autres associations formées, à son exemple, en Angleterre, c'est de proscrire les achats et les ventes à crédit. Tout se traite donc au comptant. Notons bien cette condition. Le crédit est toujours cher, et il se calcule à un taux d'autant plus élevé que celui qui l'invoque possède moins de ressources et offre moins de garanties.

II. *Sociétés coopératives de crédit.* — Les sociétés de cette seconde espèce se proposent de procurer à l'ouvrier travaillant, ou voulant travailler pour son compte, les avances qui lui sont indispensables, soit pour acheter des outils ou des matières premières, soit pour louer un atelier, etc. Il n'y a plus à se demander si des institutions de ce genre sont possibles, car il en existe un grand nombre. Elles se sont surtout développées en Allemagne, où l'on en comptait naguère sept cents ayant prêté en une seule année un peu plus de 126 millions de francs. Il y en a un certain nombre en France, soit à Paris, soit ail-

[1] Cet exemple a été si efficace, qu'en 1864 il existait, en Angleterre et en Écosse, huit cents sociétés coopératives comptant environ deux cent mille membres et possédant plus de 25 millions de francs. On évaluait le profit net dans les sociétés bien dirigées à 20 pour 100 environ, sans parler des avantages dont profitent journellement les acheteurs. Les sociétés coopératives anglaises vendent, bien entendu, à tout le monde et non pas à leurs membres seulement.

leurs, qui sont en général en voie de prospérité. L'action de telles sociétés exige encore, plus que celle des sociétés de consommation, la possession immédiate d'un capital. Il faut nécessairement, pour faire des avances quelconques, posséder des ressources qu'on se ménage peu à peu, comme dans l'exemple précédent. Les sociétés de crédit au travail reposent du reste sur cette idée que, moyennant certaines conditions, certaines garanties, les gains futurs du travail peuvent être capitalisés comme le sont les futurs profits d'un commerçant ou d'un entrepreneur. Vous concevez cependant sans peine, mes amis, combien les sociétés coopératives de crédit doivent être attentives, dans leurs statuts, à s'imposer des règles et à se fixer des limites ; autrement elles courraient à une ruine certaine.

On ne saurait le nier cependant : une force, une solidité particulière résulte pour elles de la connaissance parfaite que leurs membres possèdent réciproquement les uns des autres. C'est là une raison pour que l'individu ayant besoin d'une somme trouve plus facilement parmi les associés la caution, la garantie, dans les cas où les statuts l'exigent. C'en est une également pour que la société, collectivement considérée, jouisse d'une plus grande confiance sur le marché général des valeurs. Pourquoi? C'est que la mutualité permet tout particulièrement de tenir compte des qualités, des aptitudes individuelles, de la bonne conduite et de la bonne renommée, en un mot, de la valeur personnelle [1].

---

[1] Dans les sociétés coopératives, le crédit n'est pas gratuit; ce ne serait pas possible. Il se paye comme ailleurs. Toutefois, le prix du crédit, le taux de l'intérêt importe beaucoup moins, puisque les bénéfices des opérations sont répartis annuellement entre les membres de la

III. *Sociétés coopératives de production.* — L'objet de ces associations consiste dans la fabrication de certains produits destinés à être vendus, ou dans l'entreprise de certaines opérations industrielles. De cette façon tous les bénéfices appartiennent aux ouvriers associés ; mais aussi ils courent tous les risques. Dans l'atelier de l'association, l'ouvrier demeure ouvrier, et il reçoit à ce titre un salaire sans lequel il ne pourrait pas vivre ; il a une règle à suivre, des chefs à écouter. Dans les assemblées de la société, dans les règlements de compte, il figure comme entrepreneur ; il a des droits à exercer, et il est le juge de ceux qui tiennent de lui et de ses coassociés leur autorité et leur mandat.

Vous avez vu tout à l'heure comment peut se former le capital des sociétés d'ouvriers ; notez encore, surtout pour les sociétés de production, qu'il pourrait provenir d'un emprunt, contracté soit avec un simple individu, soit avec un établissement de crédit. Dans ce dernier cas, le capital ne proviendrait pas moins de la même source que le travail. C'est, en effet, le travail qui, après avoir payé l'intérêt convenu, en doit opérer le remboursement.

Les sociétés coopératives de production attestent, chez ceux qui les composent, le désir légitime d'améliorer leur état, de développer le cercle de leur activité, non plus seulement par l'usage isolé des ressources individuelles, mais par l'union de ces mêmes ressources, devenant ainsi bien autrement effectives et puissantes. Il

société en proportion même des avances obtenues. — Quand une société coopérative de crédit, de quelque façon qu'elle soit constituée, traite avec des clients qui ne sont point ses associés, elle opère alors comme une maison ordinaire.

serait superflu, mes amis, de vous faire remarquer que, si la situation s'élève, les devoirs s'agrandissent en même temps. Il en est toujours de même : point de succès possible pour les sociétés coopératives, si chaque membre ne s'acquitte pas avec conscience et courage de la tâche acceptée ; point de succès, si la stricte observation de la règle établie librement n'assure le maintien de la bonne harmonie entre les sociétaires. On renonce à quelque chose de sa volonté toutes les fois qu'on s'associe à d'autres, c'est clair ; mais chacun y renonce en même temps, et en vue d'être plus fort pour atteindre un but ambitionné.

L'essentiel pour les sociétes coopératives de tout genre, c'est de choisir des gérants et des employés honnêtes et intelligents, et de rédiger leurs statuts de manière à garantir la surveillance et le contrôle des opérations et des comptes. L'autorité de l'assemblée générale doit planer au faîte de l'édifice. Il n'y a pas à dire qu'il importe en outre de se conformer strictement à la loi : rien de plus évident si l'on tient à éviter les embarras ultérieurs, à inspirer confiance aux tiers et à limiter l'étendue de la responsabilité de chacun. Sans doute nous n'avons pas besoin pour cela de nous mettre à étudier les lois concernant les sociétés, lois qui, d'ailleurs, peuvent être modifiées. La tâche serait trop longue. Nous ne serions jamais certains d'avoir bien compris. Les ouvriers qui songent à s'associer entre eux, ont à suivre une méthode plus courte et plus sûre. Ils doivent demander à une société coopérative déjà existante, et analogue à celle qu'ils se proposent de constituer, communication de ses statuts ; ils doivent les lire avec la plus sérieuse attention pour juger s'il leur convient d'y introduire quelques changements. Il est indispensable presque toujours de s'aider, en outre, du conseil de quelques personnes expérimentées et dignes de confiance. Avant de passer l'acte, c'est à nous de savoir et d'indiquer ce que nous voulons; mais ce n'est pas notre affaire de l'exprimer dans les termes voulus et de manière à nous trouver parfaitement en règle avec la loi. A chacun son lot et sa fonction. Une fois le pacte social accepté, il n'y a plus d'équivoque sur le devoir individuel et sur l'intérêt collectif, que peuvent du reste résumer ces mots : courage, vigilance et bonne harmonie.

VINGT-QUATRIÈME ENTRETIEN.

Sur les dispositions relatives à la prescription du salaire et au privilége de l'ouvrier, aux secrets de fabrique, à l'embauchage des ouvriers et au vol commis chez le patron.

Nous allons terminer aujourd'hui ces entretiens, commencés il y a trois mois. Il ne me reste plus, mes amis, à porter à votre connaissance qu'un très-petit nombre de règles qui se rapportent à l'état d'ouvrier, et qui sont éparses çà et là dans les lois.

I. *Prescription du salaire de l'ouvrier.* — Vous vous rappelez ce qu'il faut entendre par la prescription ; ce mot a été développé à propos du payement du prix d'apprentissage. La prescription consiste dans la déchéance du droit d'exercer une poursuite judiciaire contre un débiteur après un temps déterminé. Ainsi l'ouvrier à qui son salaire n'aurait pas été payé ne pourrait plus le réclamer en justice, s'il laissait écouler un délai de six mois. La prescription s'applique *au payement des jour-*

nées, fournitures et *salaires des ouvriers et gens de travail.*
Elle atteint aussi bien les ouvriers à façon, même ceux
qui font des fournitures, que les ouvriers à temps qui
louent seulement leurs bras et leur industrie. Le délai
se calcule séparément pour chaque portion du salaire
réclamé. Ainsi, pour un ouvrier payé à la semaine, la
prescription part de l'expiration de chaque semaine. —
Quand un ouvrier, par suite de circonstances quelconques, voit le délai de six mois sur le point d'expirer
avant qu'il ait touché son salaire, il peut interrompre la
prescription en réclamant une reconnaissance écrite au
patron débiteur, ou bien en formant une demande en
justice. Dans l'un et l'autre cas, ses droits se trouvent
sauvegardés pour l'avenir. Mais la prescription n'est pas
interrompue par l'incapacité légale du créancier ; ainsi
elle a lieu à l'égard d'un mineur ou d'une femme ma-
riée, sauf leur recours contre le tuteur ou le mari. Le
patron qui se prévaut de la prescription peut être tenu
de prêter serment, si l'ouvrier le requiert.

II. *Privilége de l'ouvrier pour le payement de son salaire.*
— Il n'y a pas de privilége général inscrit dans la loi
pour le payement du salaire de l'ouvrier. Si un patron
décède insolvable, c'est-à-dire en laissant plus de dettes
que de valeurs, l'ouvrier vient concurremment avec
tous les autres créanciers qui n'auraient ni privilége ni
hypothèque, et reçoit seulement une part proportionnelle dans l'actif de la succession. Il n'y a d'exception
qu'en cas de faillite du patron. Le salaire acquis aux
ouvriers employés directement par le failli, c'est-à-dire
sans l'intermédiaire d'un sous-entrepreneur, commissionnaire ou facteur, *pendant le mois qui aura précédé la
déclaration de faillite*, est admis au nombre des créances

privilégiées, au même rang que le salaire des gens de service. Vous le voyez, ce privilége est très-restreint. C'est une raison de plus pour qu'un ouvrier se fasse payer régulièrement.

III. *Secrets de fabrique.* — Un ouvrier ne doit révéler à personne les secrets de fabrication de l'établissement dans lequel il est employé. Ces secrets ne lui appartiennent pas. A vous dire vrai, mes amis, il n'y a plus guère aujourd'hui de secrets dans l'industrie. La science parvient bien vite à pénétrer les procédés de chaque fabrique. Cependant, quand ces procédés, en totalité ou en partie, sont secrets, l'ouvrier de l'établissement qui les révèle à d'autres s'expose à une peine sévère. S'il les a communiqués à des étrangers ou à des Français résidant en pays étranger, il est puni d'un emprisonnement de deux à cinq ans [1]. Le juge peut y joindre la privation, pendant cinq ans au moins et dix ans au plus, de divers droits civiques, civils et de famille, et en outre la surveillance de la haute police durant le même nombre d'années. Ce n'est pas tout : la loi prononce aussi une amende, dont le chiffre peut être fort élevé, tellement élevé même qu'il vous serait impossible de vous expliquer l'existence d'une pareille peine pour un acte commis par un ouvrier, si vous ne saviez pas que la pénalité atteint non-seulement les ouvriers, mais encore les employés et les directeurs de fabrique coupables du même fait. Cette amende peut varier, suivant les circonstances, de 500 francs à 20,000. — Dans le cas où la communication aurait été faite à des Français résidant en

---

[1] Jusqu'à la révision du Code pénal en 1863, la peine était celle de la réclusion, peine afflictive et infamante dont il a été parlé dans le septième entretien.

France, la peine consiste en un emprisonnement de trois mois à deux ans, et en une amende de 16 francs à 200 francs [1].

IV. *Embauchage.* — La loi punit aussi l'embauchage des ouvriers pour l'étranger. Vous devez, mes amis, vous abstenir de prendre part à un pareil acte, soit directement, soit indirectement. Cependant, pour qu'il y ait délit, il faut que l'embauchage ait eu lieu en vue de nuire à l'industrie française. A une époque comme la nôtre, où il existe tant de rapports industriels et commerciaux entre les différentes nations du monde, on voit tous les jours des ouvriers français aller travailler à l'étranger. Ceux qui les y font passer ne se rendent assurément pas coupables du délit d'embauchage ; mais supposez qu'un intermédiaire détache les ouvriers d'un établissement situé en France, en les engageant par des promesses ou par des dons à porter leur industrie dans un établissement similaire du dehors, un tel fait constituerait un délit dans le sens du Code pénal ; il pourrait motiver une condamnation à un emprisonnement de six mois à deux ans, et à une amende de 50 à 300 francs.

V. *Cas où le caractère d'un délit est aggravé par la qualité d'ouvrier.* — Vous n'avez pas oublié que le vol commis par un apprenti dans la maison, l'atelier ou le magasin de son patron, est qualifié de crime et puni de la reclusion. Ce que je vous ai dit de l'apprenti s'applique à tout ouvrier qui se rendrait coupable d'un vol dans les mêmes circonstances. Les habitudes qui prévalent dans

---

[1] Le maximum des peines d'emprisonnement et d'amende sera nécessairement appliqué, s'il s'agit de secrets de fabrique d'armes et munitions de guerre appartenant à l'État.

cette usine et, j'en suis sûr, dans la plupart des autres établissements industriels, rendent à peu près inutile cette disposition du Code pénal. Vous devez néanmoins savoir qu'elle existe.

Nous avons parcouru, mes amis, toutes les phases de notre vie laborieuse. Je vous disais en commençant que chaque profession a ses lois spéciales. Vous savez maintenant quelles sont les lois qui régissent particulièrement l'état d'ouvrier. Vous savez à quelles règles le travail industriel est assujetti. Si vos souvenirs vous laissent des doutes sur quelques points, vous me trouverez toujours prêt, dans nos conversations journalières, à les éclaircir autant que je le pourrai. Rappelons-nous bien que le droit et le devoir marchent toujours à côté l'un de l'autre. Il n'y a pas de droits sans devoirs ; il n'y a point de devoirs sans droits. Servons-nous des lois qui nous concernent, des garanties qui nous sont données pour obtenir ce qui nous est dû. C'est là notre droit ; mais soyons scrupuleux à nous acquitter nous-mêmes de nos obligations, à faire ou à rendre ce que nous devons. Mieux vaudrait encore sacrifier quelque chose de son droit que de son devoir ; car le plus grand bonheur que l'homme puisse goûter sur la terre, c'est le sentiment du devoir accompli.

MANUEL ÉLÉMENTAIRE

DES

SOCIÉTÉS DE SECOURS MUTUELS

ET DE LA CAISSE DE RETRAITE

A l'usage des ouvriers des villes et des campagnes.

I. — Sociétés de secours mutuels.

1. *Quel est l'objet des sociétés de secours mutuels?* — Les sociétés de secours mutuels ont pour objet de réunir en un fonds commun des cotisations payées par les membres qui les composent, en vue de faire face aux exigences que peut amener l'incapacité de travailler résultant de la maladie. Ainsi, les sociétés de secours mutuels sont à la fois une institution de prévoyance et une institution de secours. C'est la prévoyance individuelle qui prépare l'assistance obtenue dans les cas déterminés. Voilà ce qui constitue le caractère essentiel de ces associations : chacun s'y aide soi-même en aidant les autres. Les forces de la prévoyance individuelle, si limitées quand elles sont laissées à elles-mêmes, acquièrent, en s'unissant les unes aux autres, une efficacité singulière.

2. *Les ouvriers des campagnes ont-ils intérêt, comme ceux des villes, à faire partie d'une société de secours mutuels?* — Evidemment oui ; car ils sont exposés, comme ces derniers, à tomber malades et à subir les tristes conséquences qu'amène l'interruption du travail. Une excellente méthode semble être ici de donner le secours, non en argent, mais en travail. On laboure la terre, on fait la récolte de l'agriculteur ou du vigneron que la maladie retient loin de son champ ou de sa vigne. De cette manière, la cotisation peut être à peu près insensible.

3. *Expliquez-nous les avantages principaux qu'offrent les sociétés de secours mutuels?* — Bien volontiers. Vous savez déjà que la cotisation qu'un ouvrier verse, au moyen d'un léger pré-

lèvement sur son salaire, lui vaut, quand il est malade, une allocation en argent pendant un temps qui est calculé de manière à dépasser la durée ordinaire des maladies. Elle lui vaut encore, sinon dans toutes, au moins dans un grand nombre de sociétés, l'avantage d'avoir gratuitement les soins du médecin et les médicaments. Ce n'est pas tout. Voici une aide qui s'applique à cette époque de la vie où une infirmité, ou bien le poids des années, vient nous empêcher de continuer notre travail. Les sociétés de secours mutuels peuvent, en effet, constituer à leurs membres, sous certaines conditions que je vous expliquerai plus tard, des pensions de retraite, pensions modiques encore, mais destinées à prendre de l'extension, à mesure que l'institution se fortifiera. — Au point de vue des intérêts de l'ordre moral, les sociétés de secours mutuels ont leurs avantages propres. Vous devinez aisément que leur tendance doit être de développer l'habitude de la prévoyance, et, par conséquent, d'accroître la sécurité qui résulte de cette habitude. Une fois que nous sommes membres d'une telle association, l'épargne n'est plus facultative. Il nous faut payer à des époques fixes la cotisation exigée, sous peine de perdre les sommes versées antérieurement. L'institution est, en outre, favorable à cette idée, que les hommes doivent s'aider les uns les autres. La charité y trouve ainsi une route particulière pour pénétrer dans les mœurs. N'oubliez pas non plus qu'en nous procurant une certaine sécurité, cette même institution nous délivre de beaucoup de préoccupations affligeantes, soit par rapport à nous-mêmes, soit par rapport à ceux qui nous sont chers. Vous dirai-je que les sociétés de secours mutuels se chargent, en général, de pourvoir aux frais des obsèques de leurs membres? Ce n'est pas là seulement un avantage matériel qui vient exonérer les familles d'une dépense que les plus pauvres considèrent comme sacrée. Il y a une réelle satisfaction pour l'âme à savoir qu'au moment où nous disparaissons de ce monde, nous serons accompagnés de souvenirs et d'amis. Cette condition est, d'ailleurs, de nature à entretenir le sentiment religieux. La religion, qui nous a marqués d'un signe à notre entrée dans la vie, sera la dernière à abandonner notre dépouille mortelle.

4. *Les institutions d'assistance mutuelle sont-elles un fait particulier à notre époque?* — Non; l'idée d'assistance mutuelle, qui se lie à l'idée même de société, date des temps les plus anciens. Toute agglomération d'hommes en tribus ou en peuples n'est qu'une mutualité plus ou moins étendue où chacun apporte du sien et d'où chacun doit retirer un profit. Mais la pensée de former, au sein de la société générale, de petites associations destinées à secourir, dans certaines circonstances, les membres qui les composent, doit être envisagée à part. Or, dès qu'on examine l'application qui en a été faite au moyen des sociétés mutuelles, on est amené à reconnaître que ces institutions sont nées sous l'inspiration de la pensée chrétienne et appartiennent, par conséquent, au monde moderne.

5. *De quelle époque peut-on dire que datent véritablement les sociétés de secours mutuels?* — Les premières institutions de ce genre sont liées aux anciennes corporations d'arts et métiers, dont l'origine est fort obscure, mais dont l'existence est attestée par des monuments positifs dès le onzième ou le douzième siècle. Formées à l'origine pour protéger le travail industriel contre certains dangers inhérents à l'état de la société dans ce temps-là, les corporations furent parfois amenées à considérer comme une de leurs attributions le soin de répartir des secours entre leurs membres, dans certains cas particuliers. Il est à remarquer que plus la corporation était fortement constituée au point de vue religieux, et plus l'application de l'idée de mutualité y était étendue. Ces fondations-là contenaient le germe des sociétés de secours mutuels telles que notre temps les conçoit; mais elles n'en contenaient que le germe. L'assistance mutuelle n'y était qu'un objet accessoire, tandis que c'est l'objet essentiel de nos sociétés de secours. Il n'y a pas encore très-longtemps que ces institutions se sont constituées chez nous avec un caractère spécial. Les plus anciennes ne remontent pas au delà des dernières années du dix-huitième siècle.

8.

6. *Nos sociétés de secours mutuels ont-elles traversé plusieurs phases?* — Oui ; elles ont traversé deux phases distinctes. Durant la première, elles étaient laissées à elles-mêmes ; elles restaient en dehors de toute action de l'autorité, sauf la surveillance au point de vue de la police. La seconde phase, qui commence en 1850 et se prononce surtout en 1852, nous montre le pouvoir désireux d'aider et de propager ces associations.

Il faut que vous sachiez pourtant que les sociétés de secours mutuels s'étaient déjà propagées en dehors de nos frontières, quand elles étaient encore à peu près inconnues en France. Elles s'étaient propagées chez un peuple voisin, le peuple anglais, qui nous avait précédé dans la carrière industrielle, et qui devait dès lors éprouver plus tôt que nous les besoins inhérents à un grand développement de l'industrie. Une fois implantées dans notre pays, elles ne s'y répandirent que très-lentement. En l'absence d'une loi positive traçant des règles générales, l'ignorance accumulait trop souvent dans les règlements, avec de faux calculs, des germes nombreux de dissolution. Cependant de telles sociétés répondaient si bien au besoin d'un temps où l'industrie prenait chaque jour un nouvel essor, que, malgré ces causes d'affaiblissement, nous possédions en 1850 plus de 2,000 sociétés mutuelles, plus ou moins judicieusement constituées, plus ou moins solides.

Depuis 1852, l'institution a suivi une progression rapide et ininterrompue. Jugez-en par des chiffres officiels : à la fin de l'année 1852, le nombre des sociétés de secours mutuels dont l'existence avait pu être constatée était, en France, de 2,438, et, à la fin de l'année 1864, il est de 5,027. Le nombre des sociétaires était, à la première de ces époques, de 271,077, et il est, à la fin de l'année 1864, de 628,786 (participants). Le capital de réserve s'est élevé de 10 millions 714,000 francs à 36 millions 624,622 francs [1].

---

[1] En 1865, les associations mutuelles, dans les îles Britanniques, comptaient environ 3 millions de membres, avec un fonds de réserve de près de 500 millions de francs.

7. *Compte-t-on plusieurs espèces de sociétés de secours mutuels ?*
— Oui, si l'on consulte les conditions légales de leur existence.
A ce point de vue, nous avons en France trois espèces de
sociétés de secours : 1° les sociétés approuvées ; 2° les sociétés
autorisées ; 3° les sociétés reconnues comme établissements d'utilité publique.

8. *Quel est le caractère distinctif des sociétés approuvées ?* —
Ce caractère consiste dans ce fait, qu'au lieu d'être soumises,
comme l'étaient précédemment les sociétés de ce genre, à une
autorisation au point de vue de la police, les sociétés nouvelles
tiennent de la loi des prérogatives considérables, à la condition
que leurs statuts recevront l'approbation de l'autorité.

9. *Par qui l'approbation est-elle donnée ?* — L'approbation est
donnée dans le département de la Seine, par le ministre de l'intérieur, et, dans les autres départements, par les préfets. Elle
n'est conférée qu'après que les statuts ont été examinés par une
commission spéciale, nommée Commission supérieure d'encouragement et de surveillance, et placée sous l'autorité immédiate
du ministre de l'intérieur.

10. *Voudriez-vous nous faire connaître le système d'organisation des sociétés approuvées ?* — Les sociétés de ce genre sont
composées d'associés participants et de membres honoraires ; les
premiers seuls ont droit à l'aide stipulée dans les statuts. Les
membres honoraires sont ceux qui, par leurs soins, leurs conseils et leurs souscriptions, contribuent à la prospérité de la
société sans participer aux avantages qu'elle procure. Le président de chaque société est nommé par le chef de l'État. C'est là une
condition essentielle. Les fonctions du président durent cinq années. — L'administration des intérêts de la société n'appartient
qu'à la société même ; elle est confiée à un bureau dont les membres, à l'exception du président, sont tous nommés par l'assemblée
générale des sociétaires. Ainsi tout procède de cette assemblée.
Le président surveille l'exécution des règlements. Il adresse
chaque année à l'autorité un compte rendu de la situation morale et financière de la société. Dans les sociétés approuvées, le

taux de la cotisation mensuelle doit être égal à l'indemnité journalière accordée en cas de maladie; la société ne doit pas promettre de secours contre le chômage.

11. *Quelles sont les formalités à remplir pour obtenir l'approbation ?* — Distinguons entre une nouvelle société et une société déjà existante. Une nouvelle société doit, en adressant sa demande, soit au préfet, soit au ministre de l'intérieur, y joindre : 1° deux exemplaires de ses statuts rédigés d'après un modèle général délibéré par la commission supérieure, et qu'on peut se procurer dans toutes les préfectures; 2° une liste nominative des membres honoraires ; 3° une liste des membres participants, sur laquelle on indique l'âge, la profession et le domicile de chacun. — S'il s'agit d'une société fondée antérieurement au décret de 1852, on n'exige pas que ses statuts soient strictement conformes au modèle général. On se contente de demander le changement des articles mêmes qui seraient en contradiction flagrante avec l'esprit du décret. Les conditions fondamentales à remplir sont : 1° de faire nommer le président par le chef de l'État ; 2° d'admettre des membres honoraires; 3° de ne pas promettre de secours pour le cas de chômage; 4° de ne pas prendre l'engagement de servir des pensions de retraite dont le chiffre serait arrêté d'avance.

12. *Ne pourriez-vous pas nous faire connaître les avantages dont jouissent les sociétés approuvées ?* — Ces avantages sont très-étendus. Ils consistent : 1° dans le droit de participer aux revenus d'une dotation de 10 millions, constituée au profit de ces sociétés; 2° dans la faculté de prendre une maison à bail, de posséder des objets mobiliers et de recevoir, avec l'approbation du préfet, des dons et des legs mobiliers dont la valeur n'excède pas 5,000 francs; 3° dans l'obligation imposée aux communes et, subsidiairement, aux départements, de fournir aux sociétés un local pour leurs réunions, ainsi que les livres et registres de comptabilité; 4° dans l'exemption des droits de timbre et d'enregistrement pour les actes qui les concernent, même pour les extraits des actes de l'état civil à produire par les so-

ciétaires, sous la seule condition que ces extraits seront demandés par les présidents des sociétés ; 5° dans l'autorisation de faire aux caisses d'épargne des dépôts de fonds égaux à la totalité de ceux qui seraient permis au profit de chaque sociétaire individuellement ; 6° dans la réduction des deux tiers du droit municipal sur les convois, s'il en existe.

13. *N'y a-t-il pas quelques avantages spéciaux attachés au diplôme d'une société approuvée ?* — Oui ; cet avantage consiste dans la faculté qu'ont les membres participants de se servir de leur diplôme comme d'un passe-port et comme d'un livret, mais à certaines conditions. Ainsi, le diplôme ne peut être obtenu par un membre de la société qu'un an au moins après son admission, et sur le dépôt du livret ou du passe-port dont il pourrait être nanti, ou, à défaut, sur une déclaration signée de lui, et portant qu'il n'est muni d'aucun de ces titres. C'est le bureau qui confère et retire le diplôme. Le diplôme contient des mentions analogues à celles qui sont portées sur les livrets et sur les passeports ; il est signé par le président, le secrétaire et le sociétaire qui l'obtient. Il porte le timbre de la société. L'apposition de la signature du président et du timbre de la société doit être renouvelée tous les deux ans, sous peine de nullité du diplôme comme passe-port. Le prefet de police, pour le département de la Seine, et ailleurs, les préfets investis des attributions de police, ou bien les maires, peuvent s'opposer à la délivrance. Les présidents doivent adresser, aux préfets ou aux maires, un état nominatif des sociétaires qui réclament le diplôme. La délivrance a lieu un mois après cet envoi, s'il ne survient aucune opposition de la part de l'autorité. Les diplômes, de même que les livrets, doivent être représentés à toute réquisition des agents de l'autorité ou de la société elle-même. Lorsque le sociétaire veut voyager, son diplôme est soumis à la formalité du visa, comme un passe-port [1].

---

[1] Si un membre cesse d'appartenir à la société, il doit remettre au bureau son diplôme, qui est annulé. Avis de l'annulation est donné dans les quarante-huit heures à la préfecture ou à la mairie, suivant

14. *Quelles sont les conditions exigées pour l'admission ?* — Il faut être valide, avoir une conduite régulière et être domicilié depuis six mois dans la circonscription de la société, ou du moins y avoir son domicile de travail. Les sociétaires sont reçus en assemblée générale. Dans l'intervalle des réunions, le bureau peut décider qu'un candidat sera provisoirement autorisé à verser la cotisation. Chaque société est libre, quand elle dresse ses statuts, de fixer le minimum et le maximum d'âge, pourvu qu'elle reste entre les limites de 16 ans au moins et 50 ans au plus. Les statuts peuvent dire aussi que les sociétaires seront admis, soit sur la présentation du bureau, soit sur celle de deux membres. Les sociétés ont la faculté d'exempter de la condition d'un domicile de six mois un membre sortant d'une autre association. Les membres honoraires sont reçus par le président et le bureau sans condition d'âge ni de domicile. Leur nombre est illimité. Le nombre des sociétaires participants ne peut excéder 500, à moins d'une autorisation du ministre ou du préfet. Toutes les clauses relatives au payement des cotisations, aux motifs d'exclusion, etc., sont consignées dans les statuts.

15. *Voulez-vous nous expliquer quelles sont les obligations des sociétaires envers la société ?* — Les membres participants s'obligent à payer régulièrement la cotisation et à s'acquitter avec zèle et exactitude des fonctions ou services qui leur sont délégués. Ils peuvent aussi avoir à payer un droit d'admission. Les membres honoraires payent une souscription dont le chiffre minimum est déterminé par les statuts, mais qui n'est pas inférieure à la cotisation des membres participants. Ils ne peuvent être astreints à accepter une fonction dans la société, ni soumis aux amendes réglementaires.

16. *Faites-nous connaître les obligations de la société envers ses membres.* — La société se charge de payer, en cas de maladie, l'indemnité journalière, égale à la cotisation mensuelle. Obligatoire pour la société pendant un certain nombre de mois,

les cas. — On ne peut avoir qu'un seul diplôme, fît-on partie de plusieurs sociétés.

cette indemnité devient ensuite simplement facultative, et dépend de l'état des ressources sociales. Les statuts peuvent déterminer que l'indemnité suivra une progression décroissante. Ils peuvent stipuler qu'une indisposition de trois jours ne donnera pas lieu à une indemnité. La société doit prendre les mesures nécessaires pour assurer les soins du médecin et payer le prix des médicaments; l'aide donnée sous cette forme se prolonge, en général, pendant toute la durée de la maladie, même quand il n'y a plus lieu à une indemnité pécuniaire. En cas de décès, la société fait les frais d'un enterrement convenable. Aucun secours n'est dû pour les maladies causées par la débauche ou l'intempérance, ni pour les blessures reçues dans une rixe, lorsqu'il est prouvé que le sociétaire a été l'agresseur, ni pour une blessure reçue dans une émeute à laquelle il aurait pris une part volontaire.

17. *Certaines sociétés n'ajoutent-elles pas quelques avantages particuliers aux avantages ordinaires?* — Oui; on peut citer le patronage des enfants des sociétaires par la société, l'instruction qu'elle leur assure, les récompenses qu'elle leur donne, les soins des sœurs de charité qu'elle assure aux malades, les articles de lingerie qu'elle distribue, les secours aux veuves, l'adoption des orphelins, l'ouverture d'une bibliothèque, etc. Ce sont là, cependant, des faits exceptionnels qui imposent des charges particulières, et commandent dès lors une prudence extrême. Il faut prendre garde de détourner la société de son but et de compromettre son lendemain.

18. *Les sociétés approuvées peuvent-elles accorder des pensions de retraite?* — Oui, et dans les conditions les plus rassurantes. La promesse de pensions de retraite a toujours exercé beaucoup d'influence sur les ouvriers. La commission supérieure disait avec justesse dans un de ses rapports : *La prévoyance de l'ouvrier ne sépare pas de la maladie la vieillesse, cette maladie contre laquelle il n'y a ni médicament ni médecin, et qui n'arrive jamais à la convalescence.* L'interdiction de promettre des pensions avait cependant été prononcée par la

législation de 1850, dans la crainte qu'un tel fardeau ne dépassât les forces des sociétés. Mais le décret de 1852 les autorise à promettre des retraites lorsqu'elles comptent un nombre suffisant de membres honoraires. Cette partie du rôle des associations mutuelles est même vue avec une faveur spéciale, qui a éclaté en toute occasion[1]. L'Etat a réservé pour les pensions de retraite la majeure partie des revenus de la dotation attribuée aux sociétés de secours.

19. *Comment sont conférées les pensions de retraite?* — Pour être admis à jouir d'une pension, il faut qu'un membre participant soit âgé de plus de cinquante ans, et qu'il ait acquitté la cotisation pendant dix ans au moins. C'est l'assemblée générale qui dresse la liste des candidats aux pensions. Les propositions sont transmises au ministre de l'intérieur par le préfet, pour être communiquées à la Commission supérieure, avant d'être approuvées. En intervenant, la Commission n'a pas en vue d'examiner le choix des candidats, mais de vérifier si les conditions exigées sont accomplies, si les pièces produites sont en règle et d'assurer la régularité du service. Remarquons bien ceci : ce n'est pas la cotisation qui alimente seule le fonds des retraites; la quote-part versée par les membres honoraires et les allocations de l'Etat y contribuent largement. Aussi n'a-t-on pas un droit absolu aux pensions, comme on en a un à l'indemnité en cas de maladie. Il est tout simple que la concession soit subordonnée à une résolution de l'assemblée générale.

20. *Comment s'effectue le paiement des pensions de retraite ?* — Le paiement de ces pensions s'effectue de la manière la plus simple, grâce à un décret du 26 avril 1856. Auparavant, les sociétés de secours mutuels étaient obligées d'établir une caisse particulière pour le fonds des retraites; elles avaient à s'occuper de l'administration des capitaux destinés aux pensions. Aujourd'hui, elles peuvent confier ce fonds à la Caisse des dépôts

[1] A l'occasion de la naissance du Prince impérial, 500,000 francs avaient été accordés aux sociétés approuvées, pour venir en aide au fonds de retraites.

et consignations, qui se charge de l'administrer et d'assurer le paiement par l'intermédiaire de la Caisse générale des retraites. L'ensemble des opérations se trouve ainsi placé sous la garantie du trésor ; mais les pensions sont toujours servies par les sociétés de secours mutuels, qui exemptent leurs pensionnaires de tous frais et de tout embarras.

21. *Les femmes sont-elles admises dans les sociétés approuvées ?* — Oui : leur nombre s'y est accru chaque année après 1852 ; mais il a besoin de s'accroître encore, car il n'égale que le cinquième environ de celui des hommes. Presque toutes les sociétés antérieures au nouveau système avaient été fermées aux femmes, sous prétexte que leur présence serait trop onéreuse. Cette exclusion était en complet désaccord avec le principe de la charité chrétienne et avec le sentiment de la famille. L'expérience a, du reste, permis de reconnaître qu'il n'est pas vrai que l'admission des femmes impose des dépenses particulières. Il paraît démontré que, si les maladies sont plus fréquentes chez les femmes, elles durent moins que chez les hommes. D'ailleurs, ne serait-il pas souverainement cruel de prononcer une interdiction qui viendrait atteindre nos mères, nos épouses, nos filles [1] ?

22. *Quel accroissement ont pris jusqu'à ce jour les sociétés approuvées ?* — Grâce aux avantages particuliers dont elles jouissent, les sociétés approuvées ont pris un développement ininterrompu. A la fin de l'année 1852, il y en avait seulement 50 ; tandis qu'à la fin de l'année 1864 il y en avait 3,357. Le nombre des membres était, à la première de ces dates, de 11,794, dont 2,318 honoraires ; il était monté à 486,674, dont 76,168 honoraires, au 31 décembre 1864.

22. *Les sociétés approuvées doivent-elles continuer à se développer ?* — Cela n'est pas douteux. L'étendue du champ ouvert devant elles est suffisamment indiquée par ces mots du décret organique : « Une société de secours mutuels sera créée, par

---

[1] Le salaire des femmes étant généralement plus faible que celui des hommes, il est juste de leur demander une cotisation moins élevée, et, par suite, de leur allouer une indemnité moindre.

les soins du maire ou du curé, dans chacune des communes où l'utilité en aura été reconnue. » Si une commune ne présente pas à elle seule des éléments suffisants, plusieurs communes voisines peuvent s'entendre, pourvu que la population de chacune soit inférieure à mille habitants. Les sociétés de secours mutuels sont devenues un moyen très-pratique et très-efficace d'améliorer le sort des familles ouvrières. On n'en pourrait citer aucun autre qui soit plus conforme à nos vrais intérêts et qui, en ménageant les susceptibilités individuelles, soit plus propre à cimenter entre les diverses classes sociales la bonne harmonie nécessaire à leur bien commun, qui doit reposer, pour être durable, sur des sentiments de justice et de bienveillance réciproques.

24. *Qu'entend-on par sociétés autorisées ?* — Les sociétés autorisées sont celles qui, ne demandant pas à être approuvées, sont astreintes à se pourvoir d'une autorisation au point de vue de la police, comme toutes les associations comptant plus de 20 membres [1]. Elles peuvent admettre ou ne pas admettre des membres honoraires ; leur président n'est pas nommé par le chef de l'État ; leurs statuts ne sont pas soumis à la commission supérieure. Sauf des cas exceptionnels, les sociétés dont il s'agit sont aujourd'hui organisées sur des bases moins solides et moins sûres que les sociétés approuvées.

25. *Quels sont les rapports des sociétés autorisées avec l'autorité ?* — Nous avons dit tout à l'heure qu'il leur fallait l'autorisation de se réunir. Cette autorisation est accordée, dans le département de la Seine, par le préfet de police, et ailleurs par les préfets. L'autorisation peut être retirée par les mêmes fonctionnaires. Cette autorisation confère aux sociétés le droit de se réunir sans se placer sous le coup des peines prononcées par le Code pénal contre les associations illicites. Comme ces sociétés

---

[1] Art. 291, 292, 294, 295 du Code pénal ; articles 1, 2 et 3 de la loi du 10 avril 1834, confirmés par le décret du 25 mars 1852, et article 13 du décret du 28 juillet 1848.

n'ont pas rempli les conditions du décret organique, elles ne profitent d'aucun des avantages particuliers attribués aux sociétés approuvées. Les seules facilités dont elles jouissent à titre de sociétés de secours mutuels sont de pouvoir opérer des versements en leur nom aux caisses d'épargne jusqu'à concurrence de 8,000 francs, y compris les intérêts; et, quand elles opèrent des versements à la caisse des retraites, de pouvoir verser sur la tête d'un même individu la somme nécessaire pour constituer le maximum de la rente viagère, et d'en demander la jouissance immédiate.

26. *Que pensez-vous, en définitive, des sociétés autorisées?* — Le but de ces sociétés étant le même que celui des sociétés approuvées, il n'y a, sous ce rapport, aucune distinction à établir entre les institutions de l'une et l'autre espèce. J'ajoute qu'il se fait beaucoup de bien par l'intermédiaire des sociétés privées. On trouve dans le sein ou à la tête d'un certain nombre de ces institutions des hommes dévoués et intelligents qui leur consacrent généreusement leurs soins et leurs efforts [1].

Seulement, si l'on envisage les sociétés privées et les sociétés approuvées au point de vue des avantages dont jouissent les unes et les autres, on est frappé de la différence existant au profit des secondes. Pourquoi se priver dès lors du bénéfice de l'approbation? Les sociétés privées ne renferment pas un seul élément utile qui ne puisse se concilier avec l'accomplissement des formalités et des conditions exigées. On a dit que les sociétés de cette dernière espèce sont plus maîtresses d'elles-mêmes. Il y a là une confusion manifeste. Veut-on parler des principes consacrés par les statuts? Mais ici tout le mécanisme des sociétés de secours mutuels se réduit presque à des calculs mathématiques sanctionnés par l'expérience, et dont il n'est pas permis de s'écarter sans s'exposer à manquer son but. Entend-on parler de la gestion des intérêts communs? Mais, dans les sociétés approu-

---

[1] Au 31 décembre 1864, on comptait 1,670 sociétés autorisées ayant 218,280 membres participants.

vées, l'administration appartient au bureau, dont les membres, à -l'exception du président, sont nommés par l'assemblée générale, à laquelle toutt ient aboutir. En résumé, sans avoir une liberté d'action réellement plus grande, les sociétés privées possèdent moins d'éléments de succès que les sociétés approuvées. Elles sont, d'ailleurs, moins sûres de leur lendemain, puisqu'elles vivent sous le régime d'une simple autorisation.

27. Veuillez nous dire maintenant ce qui distingue la troisième espèce de sociétés, les sociétés reconnues. — Ces mots, *société reconnue,* signifient qu'une société a été reconnue ou, si l'on veut, déclarée établissement d'utilité publique par un décret rendu en Conseil d'État. La faculté de se faire reconnaître était un avantage créé par la législation intermédiaire de 1850 ; mais la *reconnaissance* ne pouvait être qu'un fait très-exceptionnel et hors de la portée de l'immense majorité des sociétés de secours. Ce n'est point là une fin à laquelle ces société doivent communément tendre. Les avantages résultant de l'approbation suffisent à leur mission ordinaire.

Le fait d'être reconnue comme établissement d'utilité publique confère à une société, outre les avantages résultant de l'approbation, le droit de posséder, d'acquérir et de recevoir, par donation ou autrement, des biens mobiliers ou immobiliers, quelle que soit leur valeur, sauf l'autorisation du Gouvernement. L'approbation ne permet aux sociétés que de posséder des biens mobiliers et de recevoir, avec l'autorisation du préfet, des dons et legs mobiliers dont la valeur, pour chaque donation, n'excède pas 5,000 francs.

II. — Caisse de retraites pour la vieillesse.

1. Quelle est la destination de la caisse de retraites ? — La caisse de retraites est destinée à recevoir les épargnes de toute personne qui veut s'assurer une pension dans sa vieillesse. Cette caisse est ainsi, au plus haut point, une institution de prévoyance. Elle féconde les épargnes qui lui sont confiées en capitalisant les intérêts, et elle calcule le produit total en tenant compte des lois ordinaires de la mortalité. Quand le déposant arrive à un âge *qui peut être fixé par lui entre cinquante et soixante-cinq ans,* elle lui sert une pension pour tout le reste de sa vie. La caisse de retraites, formant un service public dont l'État supporte tous les frais, présente, outre la garantie du trésor public, des conditions plus avantageuses que ne pourraient en offrir des institutions particulières. Cette institution est encore assez récente; c'est le 11 mai 1851 qu'elle a commencé de recevoir des dépôts de fonds [1].

2. *Que doit faire un ouvrier pour s'assurer une pension de retraite?* — Il faut qu'il confie ses épargnes à la Caisse, jusqu'à concurrence d'un certain chiffre. Les plus grandes facilités lui sont données; les versements peuvent avoir lieu par sommes de cinq francs et au-dessus, mais sans fraction de franc. On verse quand on veut; un premier versement n'oblige point à un second. Chaque versement comporte une liquidation distincte, à moins qu'il ne faille cumuler plusieurs versements pour constituer cinq francs de rente, minimum des pensions. Comme la caisse de retraites n'a pas été créée pour les capitalistes, grands ou moyens, il est dit que les versements ne peuvent excéder 4,000 francs, dans le cours d'une même année, sur le compte d'une même personne. Les sommes versées en excédant de ce chiffre sont remboursées sans intérêt. Il en est de même de celles qui ne produiraient pas cinq francs de rente. — Les versements ne peuvent être inscrits qu'au nom d'une personne âgée de plus de trois ans. Ainsi, les dépôts peuvent être effectués par une tierce personne. Ajoutons que, depuis 1861, les étrangers sont admis aux mêmes conditions que les Français.

3. *Où et par qui s'opèrent les versements?* — Les versements s'opèrent, soit à la caisse des dépôts et consignations, à Paris, soit chez les receveurs généraux ou particuliers des finances, dans les départements. Tout individu apte à faire un dépôt peut

[1] Lois des 18 juin 1850, 26 mai 1855, 7 juillet 1856, 12 juin 1861 et 4 mai 1864.

opérer un versement soit par lui-même, soit par mandataire. Il n'est pas nécessaire de s'adresser au même receveur. Les sociétés de secours mutuels sont admises à faire des dépôts collectifs constituant leur fonds de retraites[1]. Les caisses d'épargne font des versements sur la demande et pour le compte des porteurs de livrets, à titre d'intermédiaires.

4. *N'y a-t-il pas quelques règles particulières lorsque le déposant est mineur ou marié?* — Oui ; le mineur de moins de dix-huit ans ne peut opérer un versement sans être autorisé par ses père, mère ou tuteur, ou, à leur défaut, par le juge de paix. L'autorisation peut être donnée d'une manière générale pour tous les versements à effectuer : elle est toujours révocable. Les versements faits par des déposants mariés et non séparés de biens profitent par moitié à chacun des conjoints, sans même que l'on puisse renoncer au bénéfice de cette division. Aussi, dans ce cas, les versements doivent-ils être de dix francs au moins et multiples de deux. Cependant, si le maximum de la rente viagère était atteint par l'un des époux, les versements ultérieurs profiteraient à l'autre. Le principe de la division ne fait point obstacle à ce que les sommes versées par un tiers à titre de donation soient appliquées à l'un des époux, sauf l'autorisation du mari s'il s'agit de la femme.

5. *Dites-nous quel peut être le chiffre de la pension de retraite?* — Je vous ai déjà indiqué que ce chiffre ne pouvait être moindre de cinq francs ; j'ajoute que le maximum, fixé d'abord à 750 francs, puis élevé à 1,000, a été porté, en 1864, à 1,500 fr. Au delà du terme de soixante-cinq ans, les tarifs ne varient pas. Après avoir adopté un âge inférieur à soixante-cinq ans, le déposant peut, dans le trimestre qui précède l'ouverture de la rente, en reporter plus loin le point de départ, mais sans qu'il y ait lieu au remboursement d'une partie du capital déposé. Les arrérages sont payés par trimestre, les 1er janvier, 1er avril, 1er juillet,

---

[1] La limite de 4,000 francs dans une année n'est pas applicable aux sociétés de secours mutuels. Elle ne l'est pas non plus aux versements effectués par des sociétés anonymes au profit de leurs agents.

1er octobre. L'âge du déposant est calculé comme si ce déposant était né le premier jonr du trimestre qui suit la date de sa naissance. L'intérêt n'ést payé qu'à partir du premier jour du trimestre suivant.

6. *Les sommes versées sont-elles perdues pour les héritiers du déposant ?* — Cela dépend de la volonté de ce dernier, qui peut verser son capital, soit en l'aliénant, soit en le réservant. Dans ce dernier cas, la somme versée est remboursée aux ayants droit lors du décès du titulaire. Tout donatenr peut stipuler que le remboursement aura lieu à son profit ou à celui des ayants droit du donataire. On est toujours libre, après avoir fait un versement avec abandon ou avec réserve du capital, d'adopter une condition différente pour un versement ultérieur; mais il faut en faire la déclaration formelle, sans quoi le versement suit la loi du précédent dépôt. On ne peut pas modifier les conditions des versements antérieurs; cependant, après avoir stipulé la réserve du capital, on peut en faire l'abandon, en tout ou en partie, au moment de la liquidation de la pension.

7. *Y a-t-il des justifications à faire et des pièces à produire au moment du versement?* — Lors du premier versement, le déposant doit souscrire une déclaration faisant connaître : 1° les nom, prénoms, date et lieu de naissance, qualité civile, profession et demeure du titulaire de la pension (l'acte de naissance doit être produit, ou, à défaut, un acte de notoriété délivré dans les formes légales) ; 2° si le capital est aliéné ou réservé ; 3° à quelle année d'âge après la cinquantième année le titulaire doit entrer en jouissance de sa pension. — Les déclarations prescrites sont portées sur une feuille spéciale pour chaque déposant, signée par lui-même, ainsi que par le caissier qui reçoit le dépôt[1].

8. *Quel titre reçoit le déposant pour constater ses droits?* — Il reçoit un livret émis par la Caisse des dépôts et consignations,

---

[1] Les certificats et autres pièces exclusivement relatifs à la caisse de retraites sont délivrés gratuitement et dispensés des droits de timbre et d'enregistrement.

portant un numéro d'ordre et énonçant, pour chaque titulaire, tous les faits et conditions résultant des productions prescrites. (Prix : 25 cent.) Le montant de chaque versement est constaté par un enregistrement porté au livret et signé par le caissier, mais ne formant titre envers l'État qu'à la charge par le déposant de soumettre dans les vingt-quatre heures le livret au visa du contrôleur près la Caisse des dépôts et consignations, dans le département de la Seine, et, dans les autres départements, au visa du préfet ou du sous-préfet. Deux mois après le versement effectué, le déposant a le droit de demander l'inscription sur le livret de la rente viagère correspondante.

9. *Voudriez-vous nous donner quelques exemples des résultats produits par les dépôts à la caisse des retraites ?* — Volontiers. Supposons un versement unique pour un enfant de trois ans, en vue d'une rente de 100 francs à soixante-cinq ans. Si le capital est aliéné, vous auriez à verser 20 fr. 55 c. Stipulez-vous le remboursement du capital, il faut payer 26 fr. 95 c. — Parlons du cas où vous agissez pour vous-même, à partir, soit de 20, soit de 25, soit de 30 ans, en vue d'une rente de 100 francs à 60 ans, et avec l'idée de versements annuels. Dans le premier cas, il suffirait de verser 5 fr. 70 c. avec capital aliéné, et 8 fr. 25 c. avec capital réservé. Le versement devrait être de 7 fr. 80 c. et de 11 fr. 70 c. dans le second cas, et de 10 fr. 90 c. et de 17 fr. dans le troisième. — Un ouvrier qui, à 18 ans, songerait à s'assurer le maximum de 1,500 francs de rente à 65 ans, devrait payer, par an, 42 fr. 65 c. en aliénant le capital, et 61 fr. 50 c. en le réservant.

Ces exemples suffisent pour faire toucher du doigt les avantages qu'offre la caisse de retraites. Les épargnes nécessaires pour procurer, sinon 1,500 francs de rente, au moins une somme suffisante pour le repos des dernières années, ne dépassent point les forces d'un ouvrier prévoyant. Nous ferons bien de penser à préparer ainsi quelques ressources à nos enfants par le versement de petites sommes, aussitôt qu'ils ont atteint leur troisième année. Quant à l'ouvrier agissant pour son propre compte, il suf-

firait qu'à l'âge où il finit son apprentissage, il prélevât chaque
année une dîme presque insignifiante sur ses dépenses pour se
mettre plus tard à l'abri du besoin [1].

Un mot encore. Vous avez vu que le déposant qui aliène son
capital obtient plus que celui qui le réserve ; c'est tout naturel.
Cependant, quel parti devez-vous prendre vous-mêmes à ce
sujet? Cela dépend des circonstances. Si, par exemple, vous
n'avez point de parents autour de vous, ou si vous aviez seulement des parents d'un degré éloigné, ou dans une situation aisée ;
si vous vous trouviez surpris par quelque accident imprévu, ou
touchant à la fin de votre carrière laborieuse sans avoir les
moyens de subvenir à votre existence, vous pourriez recourir à
l'aliénation du capital. Autrement, faites-en toujours la réserve ;
songez que ces aliénations sont mortelles pour l'esprit de famille,
et que le calcul égoïste qui les dicte a pour effet d'éteindre autour
de l'homme les relations affectueuses, charme de la vie à tout
âge, et si propres à consoler la vieillesse.

[1] De 1851 à 1865, la caisse a ouvert des comptes individuels à
239,309 déposants qui ont versé 87,135,992 francs.

APPENDICE

CONTENANT DIVERSES INDICATIONS UTILES AUX OUVRIERS.

I. *Sur les caisses d'épargne.* — Il n'est pas un seul ouvrier qui ne connaisse le rôle des caisses d'épargne. Ces caisses sont des dépôts publics auxquels chacun peut confier ses économies. Les sommes déposées produisent des intérêts qui s'ajoutent chaque année à la somme principale. On peut retirer les dépôts à volonté, en tout ou en partie. A la différence de ce qui a lieu pour la caisse de retraites, la faculté de reprendre ses fonds quand on le veut est ici un principe fondamental. Le minimum des versements est de 1 fr., le maximum de 300 fr. par semaine. Le total des dépôts ne peut dépasser, pour chaque personne, 1,000 fr., soit pour le capital déposé, soit par suite de l'accumulation des intérêts [1]. Lorsqu'un compte excède ce chiffre, si le déposant, pendant un délai de trois mois, n'a pas réduit son crédit au-dessous de cette somme, la caisse achète pour lui et sans frais 10 fr. de rente. Tout déposant dont le crédit, bien qu'inférieur à 1,000 fr., monte, d'ailleurs, à une somme suffisante pour acheter 10 francs de rente au moins, a la faculté de faire opérer cet achat sans frais par les soins de la caisse. Le taux de l'intérêt payé aux déposants est au maximum de 3 3/4 pour 100, et au minimum de 3 1/2 pour les départements et de 3 pour Paris, déduction faite des frais de la caisse. — Les formes à suivre pour

[1] Lois des 30 juin 1851 et 7 mars 1853.

les dépôts sont fort simples. On se rend à la caisse au jour fixé. S'il s'agit d'un premier versement, on reçoit un livret portant un numéro d'ordre et le nom du déposant. La somme versée y est inscrite immédiatement. Chaque fois qu'on veut opérer un nouveau versement, on rapporte son livret pour qu'une nouvelle inscription y puisse être faite. Quand on veut retirer un dépôt, en totalité ou en partie, on se présente encore avec son livret, et on revient ensuite toucher la somme demandée au jour désigné. — De cette façon, les caisses d'épargne sont, pour les petites économies, un placement productif et sûr qu'on trouverait très-difficilement ailleurs. Elles forment une sorte d'entrepôt qui permet de préparer peu à peu un emploi ou un placement d'un autre genre.

II. *Sur l'assistance judiciaire* [1]. — L'assistance judiciaire est prêtée, en matière civile, à ceux qui seraient reconnus n'avoir pas les ressources nécessaires pour soutenir leurs droits en justice ; en matière criminelle et correctionnelle, à ceux qui ne pourraient pas subvenir aux frais de leur défense.

Assistance judiciaire en matière civile. — 1° *Formalités à remplir pour l'obtenir.* — L'assistance judiciaire peut avoir lieu devant les juges de paix, les tribunaux de commerce, les tribunaux civils, les cours d'appel, la cour de cassation, le conseil d'État. Elle est prononcée par un bureau spécial établi au chef-lieu judiciaire de chaque arrondissement, ou près des tribunaux d'un ordre plus élevé que les tribunaux de première instance. Toute personne qui réclame l'assistance judiciaire doit adresser sa demande, sur papier libre, au ministère public exerçant près du tribunal de son domicile. Elle doit y joindre : 1° un extrait du rôle de ses contributions ou un certificat du percepteur de son domicile constatant qu'elle n'est pas imposée ; 2° une déclaration attestant qu'elle est, à raison de son indigence, dans l'impossibi-

---

[1] Voir loi du 22 janvier 1851.

lité d'exercer ses droits en justice, et contenant l'énumération détaillée de ses moyens d'existence, quels qu'ils soient. Le réclamant affirme ensuite la sincérité de sa déclaration devant le maire. Les bureaux de tous les degrés doivent chercher à opérer entre les parties un arrangement amiable.

2° *Effets de l'assistance judiciaire.* — Une fois l'assistance judiciaire prononcée, un huissier, un avoué et un avocat sont, suivant les cas et la juridiction compétente, désignés à l'assisté, qui est dispensé provisoirement du payement des sommes dues au Trésor pour droits de timbre, d'enregistrement et de greffe, ainsi que de toute consignation d'amende. Il est aussi dispensé provisoirement du payement des sommes dues aux greffiers, aux officiers ministériels et aux avocats pour droits, émoluments et honoraires. En cas de condamnation aux dépens prononcés contre l'adversaire de l'assisté, la taxe comprend tous les droits, frais de toute nature, honoraires et émoluments auxquels l'assisté aurait été tenu.

3° *Retrait de l'assistance judiciaire.* — Devant toutes les juridictions, le bénéfice de l'assistance peut être retiré en tout état de cause, soit avant, soit même après le jugement : 1° s'il survient à l'assisté des ressources suffisantes; 2° s'il a surpris la décision du bureau par une déclaration frauduleuse. Le retrait a pour effet de rendre immédiatement exigibles les droits, honoraires et avances de toute nature dont l'assisté avait été dispensé. Si cette mesure a pour cause une déclaration frauduleuse de l'assisté relativement à son indigence, celui-ci peut être traduit devant le tribunal de police correctionnelle, et condamné à une amende égale au montant des droits et frais non payés par lui, sans que cette amende puisse être au-dessous de 100 francs, et à un emprisonnement de huit jours à six mois.

Assistance judiciaire en matière correctionnelle et criminelle. — Il est pourvu à la défense des accusés devant les cours d'assises par le président de la cour, toutes les fois que l'accusé ne fait pas lui-même choix d'un conseil pour l'assister dans sa défense. Les présidents des tribunaux correctionnels sont chargés de désigner un défenseur d'office aux prévenus poursuivis à la requête du ministère public ou détenus préventivement, lorsqu'ils le demandent et que leur indigence est constatée. Les mêmes présidents pourront ordonner l'assignation des témoins indiqués par l'accusé ou le prévenu indigent, si la déclaration de ces témoins leur paraît utile.

III. *Sur les règlements de compte entre les chefs d'atelier et les négociants-manufacturiers* [1]. — Les dispositions réglementaires sur les comptes entre les chefs d'atelier et les négociants-manufacturiers sont principalement applicables à la fabrique de soieries de Lyon. Cependant des chefs d'atelier du même genre existent aussi dans d'autres industries et dans d'autres localités; ils sont assujettis aux mêmes prescriptions. Il est à remarquer que le livre d'acquit des chefs d'atelier n'a rien de commun avec le livret des ouvriers. C'est au secrétariat du *conseil des prud'hommes* que les chefs d'atelier doivent se pourvoir d'un double livre d'acquit pour chacun des métiers qu'ils font travailler, et dans la huitaine du jour où commencent à fonctionner les métiers montés à neuf. Sur ce livre, parafé, numéroté, et qui ne peut être refusé même au propriétaire d'un métier unique, sont relatés les nom, prénoms et domicile du chef d'atelier. Le chef d'atelier dépose un des doubles du livre d'acquit entre les mains du négociant-manufacturier auquel le métier est destiné, et peut en exiger un récépissé. Lorsqu'un chef d'atelier cesse de travailler pour un négociant, il doit faire noter sur le livre d'acquit qu'il a soldé son compte; dans le cas contraire, une déclaration du négociant doit relater sur le livre la dette du chef d'atelier. — Lorsque le chef d'atelier reste débiteur envers un négociant-manufacturier pour lequel il a cessé de travailler, celui qui veut lui donner de l'ouvrage fait la promesse de retenir la huitième partie du prix des façons en faveur du négociant dont la créance est la plus ancienne, s'il y a plusieurs créanciers, et ainsi de

[1] Loi du 18 mars 1806.

suite. Mais cet avantage de payer sa dette par fractions est li-
mité au cas où le chef d'atelier aurait cessé de travailler pour un
négociant du consentement de ce dernier ou pour cause légitime.
Dans le cas contraire, le négociant-manufacturier qui veut occuper le chef d'atelier est tenu de payer le négociant resté créancier en compte de matières, nonobstant toute dette antérieure,
pour la totalité de la créance ; mais, pour la somme en argent que
le chef d'atelier peut devoir, la loi, considérant sans doute qu'il
n'y a pas là un dépôt forcé comme pour les matières premières
fournies à la main-d'œuvre, se montre moins rigoureuse, et li-
limite la somme à payer à 500 francs.

IV. *Tarif des frais devant les prud'hommes.* — Lorsque les
parties comparaissent volontairement devant les prud'hommes,
leur déclaration, qui est constatée par le secrétaire, ne donne
point lieu à des frais. — Il est payé au secrétaire du conseil de
prud hommes :

Par lettre d'invitation.	0 fr. 30 c.
Par rôle d'expédition (vingt lignes à la page, dix syllabes à la ligne).	0 40
Expédition d'un procès-verbal de non-conciliation.	0 80
A l'huissier, chaque citation.	1 25
Signification du jugement.	1 75
S'il y a plus d'un demi-myriamètre de distance, il est payé par myriamètre, aller et retour : citation, signification. . .	3 75
Copie de pièces par chaque rôle. . .	0 20

Dans ces taxations sont compris les frais de papier, registre
et expédition. La taxe des témoins est de la valeur d'une journée
de travail, et peut monter à une double journée, si le témoin a
été obligé de se faire remplacer dans sa profession. Le témoin
sans profession est taxé à 2 francs. Tout secrétaire des prud'hommes, tout huissier convaincus d'avoir exigé une taxe plus forte
que celle qui leur est allouée, est puni comme concussionnaire.

V. *Sur les conditions à remplir pour faire admettre un élève dans une école d'arts et métiers.* — Il existe en France trois écoles d'arts et métiers, établies à Châlons - sur - Marne, à Angers et à Aix. Ces écoles sont destinées à former des ouvriers habiles qui puissent devenir plus tard contre-maîtres ou chefs d'atelier. La durée des études est de trois ans. L'instruction est à la fois théorique et pratique. L'instruction théorique comprend la grammaire, l'écriture, le dessin des machines, l'arithmétique, la géométrie, la géométrie descriptive, la mécanique et les éléments de la chimie et de la physique. L'instruction pratique embrasse le travail de la forge, de la fonderie, de l'ajustage ou des tours et modèles. — Il y a dans chaque école trois cents élèves boursiers ou pensionnaires. Les bourses sont réparties par le ministre du commerce, qui nomme tous les élèves, aussi bien les pensionnaires que les boursiers. Le prix de la pension est de 500 francs par an, payables par trimestre et d'avance. Le prix du trousseau est fixé à 200 francs. Chaque élève est obligé, en outre, de verser en entrant à sa masse d'entretien une somme de 50 francs. Il doit se munir, à l'école, d'un étui de mathématique et d'une règle à calcul. — Les nominations d'élèves sont faites après des examens qui ont lieu, dans la première quinzaine du mois d'août, au chef-lieu de chaque département, par un jury spécial. Nul ne peut être nommé élève, s'il ne figure pas sur la liste d'admissibilité dressée par le jury. Pour prendre part au concours, il faut en avoir déclaré l'intention par écrit, trois mois au moins à l'avance, à la préfecture de son département. Il faut aussi : 1° être âgé de 15 à 17 ans; 2° avoir été vacciné ou avoir eu la petite vérole; 3° être d'une bonne constitution; 4° savoir lire et écrire couramment, connaître l'orthographe, pratiquer et démontrer les quatre premières règles de l'arithmétique, les fractions et le système décimal, posséder les premiers éléments de la géométrie et les principes du dessin linéaire ou d'ornement; 5° avoir fait un an d'apprentissage dans un métier analogue à l'un de ceux qui sont enseignés dans les écoles. En outre, le candidat doit produire, au moment de sa déclaration : 1° son

acte de naissance; 2° un certificat de vaccination; 3° un certificat
de médecin constatant qu'il est d'une constitution robuste, et
particulièrement qu'il n'est atteint d'aucune maladie scrofuleuse;
4° un certificat d'apprentissage certifié par le maire; 5° un certificat de bonnes mœurs délivré par l'instituteur ou les autorités
locales; 6° un engagement sur papier timbré, dans la forme vou-
lue, des père, mère ou tuteur, de payer en totalité ou en partie
la pension de l'élève pour le cas où il ne lui serait point accordé
de bourse, et les autres sommes spécifiées plus haut; 7° une déclaration visée par le maire ou le commissaire de police, et indiquant le domicile des parents, leur profession, le nombre de
leurs enfants et l'état de leur fortune. (S'ils possèdent, à raison
de services militaires ou autres, des titres particuliers, il convient d'en faire une mention spéciale.)

VI. *Sur diverses institutions pour les apprentis, et sur quelques sociétés particulières intéressant les ouvriers.* — Des institutions dont la forme varie ont été créées dans différentes villes,
en vue de venir en aide aux familles ouvrières pour l'apprentissage des enfants. Au premier rang figure l'*Œuvre du patronage*
fondée à Paris en 1842 [1], et qui a pour but : 1° de placer chez
des maîtres ou des maîtresses d'une moralité et d'une capacité
reconnues les jeunes garçons et les jeunes filles, après leur première communion; de les faire visiter et surveiller pendant leur
apprentissage, et de les réunir le dimanche et les fêtes pour les
offices, l'instruction religieuse et les récréations, et d'accorder des
encouragements et des récompenses à leur bonne conduite et à
leur travail; 2° d'ouvrir des écoles du soir pour les apprentis et
les enfants qui travaillent dans les manufactures, et une classe du
dimanche pour les jeunes ouvrières. — Parmi les institutions qui
remplissent une mission analogue, on peut citer la *Société industrielle de Nantes*, la *Maison des apprentis de Nancy*, la *Société*

---

[1] Cette œuvre si digne d'intérêt est due à M. le vicomte de Melun.

des enfants pauvres de Lyon, etc. La protection des apprentis rentre aussi dans l'objet des sociétés de Saint-Vincent de Paul, si répandues et dont le zèle est universellement apprécié. Les maisons religieuses, dites de *la Providence*, établies dans de nombreuses localités, sont encore, pour les jeunes filles ouvrières, de véritables établissements de patronage. Quand on veut obtenir pour un enfant l'aide d'une de ces institutions, on doit s'adresser au secrétariat de chaque société ou aux supérieu-rieures des maisons religieuses. — On ne saurait omettre de mentionner, parmi les établissements qui aident l'apprentissage des enfants, les classes professionnelles que diverses sociétés privées et les Frères de la Doctrine chrétienne ont ouvertes dans plusieurs villes, notamment à Paris et à Lyon. Pour y être admis : il suffit généralement de se faire inscrire.

VII. *Sur ce qu'il faut faire pour prendre un brevet d'invention.* — Si un ouvrier inventait quelque procédé industriel ou quelque outil dont il voulût se réserver l'exploitation exclusive, il devrait demander un brevet d'invention. Les brevets d'invention sont régis par la loi du 5 juillet 1844. Cette loi reconnaît : 1° des brevets d'invention; 2° des certificats d'addition. Les brevets d'invention sont de cinq, dix ou quinze années, au choix du demandeur. Tout brevet donne lieu à une taxe payable chaque année par somme de 100 francs. La première annuité de 100 francs doit être acquittée avant le dépôt de la demande; les annuités suivantes, avant le commencement de chacune des années de la durée du brevet, qui court du jour où la demande en a été faite. Quiconque veut prendre un brevet d'invention doit : 1° se présenter, à Paris, à la recette centrale, et, dans les départements, chez le receveur général, pour acquitter la première annuité; 2° se rendre au secrétariat de la préfecture, dans le département où il est domicilié, ou dans tout autre département en y élisant domicile, et y déposer : d'abord, le récépissé constatant le paiement de l'annuité, et, en second lieu, un paquet cacheté, contenant : 1º une demande au ministre du commerce; 2º une description claire et précise de l'invention; 3º les dessins qui seraient nécessaires pour l'intelligence de la description; 4º un duplicata de la description et des dessins, en prenant soin que ces duplicata soient exactement conformes à l'original; 5º un bordereau des pièces déposées [1]. — Les brevets sont délivrés *aux risques et périls* des impétrants, sans garantie de la priorité ou du mérite de l'invention. Un breveté qui, dans des enseignes, annonces, prospectus ou affiches, mentionnerait sa qualité de breveté sans y ajouter ces mots : *Sans garantie du gouvernement*, serait puni d'une amende de 50 francs à 1,000 francs. En cas de récidive, l'amende pourrait être portée au double.

Précisons maintenant quelques points essentiels se rattachant aux formes de la demande, de la description et des dessins. — La demande sera limitée à un seul objet principal, avec les objets de détail qui le constituent et les applications qui en auront été indiquées. Elle mentionne la durée que le demandeur entend assigner à son brevet; elle ne doit contenir ni restrictions, ni conditions, ni réserves; elle indique un titre renfermant la désignation sommaire et précise de l'invention. — La description ne peut être écrite en langue étrangère; elle doit être faite sans altérations ni surcharges. Les mots rayés comme nuls doivent

---

[1] Si un breveté, pendant la durée de son brevet, veut apporter à son invention des changements, perfectionnements ou additions, il doit demander un ou plusieurs *certificats d'addition*. Pour obtenir un tel certificat, il faut suivre la même marche et remplir les mêmes formalités que pour prendre un brevet. Chaque demande de certificat donne lieu au payement d'une taxe de 20 francs. La durée d'un certificat ne peut excéder celle du brevet auquel il se rattache. — La cession totale ou partielle d'un brevet, soit à titre gratuit, soit à titre onéreux, ne peut être faite que par acte notarié et après le payement de la totalité de la taxe. Aucune cession n'est valable, à l'égard des tiers, qu'après avoir été enregistrée au secrétariat de la préfecture du département dans lequel l'acte aura été passé. — On délivre gratuitement dans chaque préfecture une instruction imprimée, qu'il importe toujours de consulter pour les détails et à cause des changements possibles.

être comptés et constatés, les pages et les renvois parafés. Toutes dénominations de poids et mesures autres que celles portées au tableau annexé à la loi du 4 juillet 1837 sont absolument inter-dites. — Les dessins sont tracés à l'encre, et d'après une échelle métrique. Quelques inventeurs croient pouvoir remplacer les dessins par des modèles ou échantillons : la loi exige, à peine de rejet, la production des dessins, et les modèles ne peuvent en tenir lieu. Il est bon que les dessins ne soient jamais établis sur une échelle trop étendue. Les duplicata, joints à l'arrêté minis-tériel, constituant le brevet d'invention, il importe que ces actes soient rédigés et collationnés avec le plus grand soin, et que le demandeur les écrive le plus lisiblement possible, en ménageant sur la minute et l'expédition une marge suffisante pour y trans-crire les visa, et y apposer les signatures voulues. Toutes les pièces, sous peine de rejet, doivent être signées par le demandeur ou par un mandataire dont le pouvoir reste annexé à la demande. Toute demande qui ne satisfait pas à ces conditions peut être rejetée.

VIII. *Sur l'assainissement des logements insalubres.* — On a bien souvent signalé l'insalubrité des logements occupés par les ouvriers dans certaines villes de France. Cette insalubrité peut tenir à des causes diverses. Quelquefois elle provient de circonstances extérieures, par exemple de la disposition de tout un quartier, du mauvais écoulement des eaux ménagères, etc. ; quelquefois elle est inhérente à l'habitation elle-même. Dans le premier cas, des mesures de police doivent chercher à détruire ou tout au moins à diminuer les influences malsaines en facili-tant le renouvellement de l'air, l'écoulement des eaux stagnantes et en éloignant tout foyer d'infection. Dans le second cas, la question avait été laissée au libre arbitre du propriétaire de l'habitation. L'autorité n'avait aucun moyen d'action légale. Quelques mesures ont été prises par une loi adoptée définitive-ment le 13 avril 1850, pour obliger le propriétaire à remédier aux inconvénients dont il s'agit. Ces dispositions, qui intéressent vivement une notable partie de la population laborieuse, méritent de trouver ici leur place.

Dans toute commune, le conseil municipal, après l'avoir déclaré nécessaire par une délibération spéciale, est autorisé à nommer une commission chargée de rechercher et d'indiquer les mesures indispensables d'assainissement des logements insalubres mis en location ou occupés par d'autres que le propriétaire, l'usufruitier ou l'usager. Sont réputés insalubres les logements qui se trouvent dans des conditions de nature à porter atteinte à la vie ou à la santé de leurs habitants. Toute commission se compose de neuf membres au plus et de cinq au moins. Elle doit comprendre un médecin et un architecte ou tout autre homme de l'art, ainsi qu'un membre du bureau de bienfaisance et du conseil de prud'hommes, si ces institutions existent dans la commune. La présidence appartient au maire ou à l'adjoint. Le médecin et l'architecte peuvent être choisis hors de la commune. La commission se renouvelle tous les deux ans par tiers; les membres sortants sont indéfiniment rééligibles. A Paris la commission se compose de douze membres.

Les fonctions de cette commission consistent à visiter les lieux signalés comme insalubres, à vérifier si effectivement l'état d'insalubrité existe, à en indiquer les causes ainsi que les moyens d'y remédier. La commission désigne les logements qui ne paraîtraient pas susceptibles d'assainissement. Ses rapports sont déposés au secrétariat de la mairie, les parties intéressées sont mises en demeure d'en prendre connaissance et de produire leurs observations dans le délai d'un mois. A l'expiration de ce délai, les rapports et les observations qui y sont annexées sont soumis au conseil municipal. Le conseil détermine alors: 1° les travaux d'assainissement et les lieux où ils doivent être entièrement ou partiellement exécutés, ainsi que le terme avant lequel ils doivent être achevés; 2° les maisons qui ne sont pas susceptibles d'assainissement. Un recours est ouvert aux intéressés contre cette décision devant le conseil de préfecture ; mais ce recours doit être formé dans le délai d'un mois à dater de la notification de l'arrêté municipal. Le recours est suspensif.

En vertu de la décision du conseil municipal ou de celle du conseil de préfecture, en cas de recours, s'il a été reconnu que les causes d'insalubrité sont dépendantes du fait du propriétaire ou de l'usufruitier, l'autorité municipale lui enjoint, par mesure d'ordre et de police, d'exécuter les travaux jugés nécessaires. Les ouvertures pratiquées pour l'exécution des travaux d'assainissement sont exemptées, pendant trois ans, de la contribution des portes et fenêtres.

Si les travaux reconnus indispensables ne sont pas exécutés dans les délais fixés, et si le logement continue d'être occupé par un tiers, le propriétaire ou l'usufruitier est passible d'une amende de 16 francs à 100 francs. Dans le cas où les travaux ne seraient pas exécutés dans l'année qui suit la condamnation, bien que le logement insalubre continue toujours d'être occupé par un tiers, le propriétaire ou l'usufruitier peut alors encourir une amende égale à la valeur des travaux et pouvant être élevée au double.

S'il est constaté que le logement n'est pas susceptible d'assainissement, l'autorité municipale peut, durant un délai qu'elle fixe elle-même, en interdire provisoirement la location à titre d'habitation. L'interdiction absolue ne peut être prononcée que par le conseil de préfecture, et, dans ce cas, un recours contre sa décision est ouvert devant le conseil d'État. Le propriétaire ou l'usufruitier qui contrevient à l'interdiction prononcée est condamné à une amende de 16 à 100 francs, et en cas de récidive dans l'année, à une amende égale au double de la valeur locative du logement interdit. Si le tribunal reconnaît dans la cause des circonstances atténuantes, il peut réduire l'amende, même en cas de récidive, à une somme inférieure à 16 francs. Le produit de ces amendes est attribué en entier au bureau ou établissement de bienfaisance de la localité. Lorsque, par suite de l'exécution des mesures qui précèdent, il y a lieu à la résiliation d'un bail, cette résiliation n'emporte point de dommages-intérêts en faveur du locataire.

Si l'insalubrité est le résultat de causes extérieures et permanentes, ou si ces causes ne peuvent être détruites que par des travaux d'ensemble, l'action d'un propriétaire isolé devient impuissante; mais la commune peut acquérir, suivant les formes et après l'accomplissement des formalités prescrites, la totalite des propriétés comprises dans le rayon des travaux à entreprendre. Les portions de ces propriétés qui, après l'assainissement opéré, resteraient en dehors des alignements admis pour les nouvelles constructions, peuvent être revendues aux enchères publiques. Les anciens propriétaires ou leurs ayants droit ne peuvent pas, par une sorte de privilége, comme dans les autres cas d'expropriation pour cause d'utilité publique, demander la remise des terrains revendus en payant le prix fixé soit à l'amiable, soit par un jury.

IX. *Sur les cours d'adultes, les bibliothèques populaires et les écoles de dessin.* — Les ouvriers ne sauraient trop profiter des facilités qui leur sont offertes pour leur instruction intellectuelle et morale par deux institutions dont l'essor a été, dans ces temps derniers, des plus rapides. Il s'agit des cours d'adultes et des bibliothèques scolaires ou populaires. L'expansion si large prise sous nos yeux par les cours publics destinés aux ouvriers marquera, pour l'instruction des adultes, dans les annales de l'instruction publique en France, une date analogue à celle que forme, pour l'instruction des enfants, l'expansion dont la loi si justement célèbre de 1833 avait donné le signal. « En 1850, nous dit le dernier exposé de la situation de l'empire, il existait 4,037 cours d'adultes; en 1863, le chiffre n'était encore que de 4,394, mais il doubla presque durant l'hiver de 1864-1865 : on en compta 7,855, et ils réunirent près de 20,0000 auditeurs, dont beaucoup en y entrant ne savaient pas lire, et qui presque tous en sont sortis sachant lire, écrire et compter. Une bien faible somme, 50,000 francs environ, a été employée en subventions et en récompenses : 1,154 instituteurs ont reçu de beaux et bons livres pour leurs services durant l'hiver de 1865. Au commencement de l'année 1866, 20,000 cours d'adultes sont ouverts. C'est, en quelques mois seulement, un gain de plus de 12,000 écoles nouvelles : immense déploiement de force intellectuelle, qui n'aura à peu près rien coûté au budget de l'État. Les membres de l'enseignement secondaire, professeurs de lycées, régents de colléges, maîtres des cours spéciaux, répondant à l'appel d'une simple circulaire[1], sans aucune pression administrative, se sont réunis, dans un grand nombre de localités, pour doubler les cours primaires de l'instituteur, faire faire un pas de plus à ceux des auditeurs qui sont déjà assez avancés pour aller au delà des éléments, et combler ainsi la lacune qui sépare l'enseignement supérieur de l'enseignement primaire. » Rien de plus facile, d'ailleurs, que de profiter des cours publics, qui sont généralement gratuits. Il en est ainsi notamment des cours fondés par la Société polytechnique et la Société philotechnique de Paris, par la Société d'enseignement professionnel du Rhône, la Société industrielle de Mulhouse, la Société philomathique de Bordeaux et beaucoup d'autres institutions existant à Lille, Reims, Charleville, Brest, Saint-Quentin, Rouen, etc.

Les bibliothèques scolaires ou populaires ouvrent pour la plupart tout aussi libéralement leurs portes. « En fait de bibliothèques de ce genre, déclare le document cité tout à l'heure, nous avons beaucoup gagné dans ces derniers temps. Créées en juin 1862, les bibliothèques annexées aux écoles primaires, et contenant des livres de classe à l'usage des enfants pauvres, atteignent, à la fin de l'année 1865, le chiffre de 10,243. Sur ce nombre, 6,000 renferment en même temps des livres de lecture à l'usage des adultes, et sont ainsi de véritables bibliothèques populaires. En tenant compte des dons faits aux bibliothèques des écoles normales, on trouve un total de 1,117,352 volumes, parmi

[1] Circulaire de M. Duruy, ministre de l'instruction publique, en date du 1er octobre 1864.

lesquels les livres de lecture sont au nombre de 460,000 environ. Sur ce nombre total de 1,117,352 ouvrages, 325,400 ont été donnés par le ministère de l'instruction publique, 736,006 par les préfets et les conseils municipaux, et 55,937 par les particuliers. Une somme de 138,128 fr. 55 c. a été employée en 1865 par le ministère à ces acquisitions et aux envois. Ces livres sont confiés partout à la garde de l'instituteur, qui en répond et doit savoir les conserver. Aussi a-t-il été trouvé bon de répandre l'exemple des élèves-maîtres de quelques écoles normales qui ont appris, à fort peu de frais et en peu de temps, l'art du relieur. » Ici encore, des sociétés particulières ont prêté le plus utile concours pour le développement de l'institution. Grâce à l'impulsion qu'elles ont donnée, des bibliothèques ont été établies, soit à Paris, dans plusieurs arrondissements, soit dans beaucoup de villes de province. Quand une rétribution mensuelle y est exigée des lecteurs, elle est toujours extrêmement modeste.

Dans ce même ordre d'idées, les ouvriers doivent porter leur attention, soit pour leurs enfants, soit pour eux-mêmes, sur les cours gratuits et les écoles gratuites de dessin, existant aujourd'hui dans presque toutes nos villes de fabriques, dans presque toutes nos cités un peu importantes. « Dans toutes les branches de l'industrie, avons-nous fait observer nous-mêmes ailleurs[1], l'ouvrier qui sait le dessin possède des avantages marqués sur les autres : il se familiarise plus vite avec le sentiment de la forme; il atteint plus sûrement l'élégance et la délicatesse dans l'exécution. Pour les moindres détails, son œil est plus juste, sa main plus sûre. — Le dessin, a dit un homme du métier, est l'écriture de l'atelier; c'est par là que l'ingénieur transmet sa pensée à l'ouvrier, comme le savant et le littérateur transmettent leurs idées au public. Comment l'ouvrier pourra-t-il reproduire et exécuter les instructions et les conceptions de l'ingénieur, s'il ne sait pas lire couramment l'écriture industrielle, et au besoin pré-

---

[1] *Les Ouvriers d'à présent et la nouvelle économie du travail* p. 169.

10

senter le résultat de ses observations ? — Que cette étude porte, suivant les circonstances, d'une façon plus particulière, sur telle ou telle branche de l'art, rien de plus naturel. On remarque de ces sortes de diversités dans les écoles actuelles, où le dessin se dirige plus précisément, tantôt vers les arts mécaniques, tantôt vers les arts plastiques, et tantôt vers les arts ayant trait aux impressions sur tissus. »

X. *Formules d'actes.* — *Formule d'un contrat d'apprentissage passé par les père, mère ou tuteur de l'apprenti.*

Entre les soussignés :

M. ..... (*Indiquer ici les nom, prénoms, date de la naissance, profession et domicile du patron*), d'une part ;

Et M. ..... (*Indiquer ici les nom, prénoms et domicile des père, mère ou tuteur de l'apprenti*), d'autre part ;

Il a été convenu ce qui suit :

M. ..... voulant faire apprendre à (son fils ou pupille) (*Indiquer ici les nom, prénoms, date de la naissance et domicile de l'apprenti*) l'état de ...... le place en apprentissage pour ..... années consécutives, qui commenceront à courir le ..... et finiront le ..... chez M. .....

M. ..... consent à recevoir chez lui le S^r ..... en qualité d'apprenti ; il s'engage, conformément à la loi, à lui enseigner son état progressivement et complétement, à le traiter avec douceur et ménagement, à ne l'employer à aucun travail ni service étranger à son état, à proportionner le travail à ses forces, à ne pas exiger de lui plus de dix heures de travail effectif par jour avant qu'il ait atteint l'âge de quatorze ans, ni plus de douze heures entre quatorze et seize ; à lui laisser prendre jusqu'à seize ans, sur la journée de travail, deux heures par jour pour son instruction ; à surveiller sa conduite et ses mœurs, à lui laisser la liberté de vaquer à ses devoirs de famille et de religion les dimanches et jours de fêtes, à prévenir immédiatement M. ..... (*In-*

diquer le nom des père, mère ou tuteur) en cas de maladie, d'absence, d'inconduite ou de tout autre événement qui réclamerait son intervention. — (*Si le patron doit loger l'apprenti, on ajoute ici les conditions relatives au logement, à la nourriture, au blanchissage. Dans le cas où le patron devrait, après un certain laps de temps, payer à l'apprenti une rétribution quelconque, c'est ici qu'il faudrait l'indiquer.)* — M. ..... (*Indiquer le nom du représentant légal de l'apprenti)* s'oblige de son côté à ..... (*Énumérer ici les diverses obligations que peuvent prendre les père, mère ou tuteur de l'apprenti).* — *Un tel,* apprenti, s'oblige à recevoir avec attention, docilité et respect, pendant le nombre d'années ci-dessus déterminé, l'enseignement et les ordres de son patron, à lui consacrer tout son temps, à l'aider dans la mesure de ses forces et à remplacer, à la fin de l'apprentissage, le temps perdu par suite de maladie ou d'absence.

Fait double à ...... le .....

(*Les père, mère ou tuteur, ainsi que le patron et l'apprenti, s'il sait écrire, doivent signer le contrat.*)

Nota. Si l'apprenti est majeur, il stipule en son propre nom; les conditions générales du contrat restent les mêmes.

Formule d'un certificat d'apprentissage.

Je soussigné (*Nom, prénoms, état et demeure du patron*) reconnais par ces présentes que (*Nom et prénoms de l'apprenti*) a fait chez moi son apprentissage, à partir du ..... jusqu'au ...... dans le métier de ..... qu'il s'est acquitté envers moi de tous les engagements qu'il avait pris, qu'il ne me doit plus rien, et qu'en conséquence il peut travailler partout où il lui plaira en qualité de compagnon ou d'ouvrier.

Fait à ...... le .....   (*Signature.*)

FIN.

TABLE DES MATIÈRES.

Manuel élémentaire des sociétés de secours mutuels et de la caisse de retraites,
à l'usage des ouvriers des villes et des campagnes.

FIN.

CAPELLE

LIBRAIRE-ÉDITEUR

A PARIS.

Cette **LIBRAIRIE** est spéciale pour les Publications d'ÉCONOMIE SOCIALE et POLITIQUE, de PHILOSOPHIE, d'ÉTUDES RELIGIEUSES, d'HISTOIRE et de LÉGISLATION. On y trouve aussi un grand ASSORTIMENT DANS TOUS LES GENRES, et principalement en Sciences Philosophique, Politique et Sociale de toutes les époques.

LIVRES DE FONDS

MICHEL CHEVALIER,

MEMBRE DE L'INSTITUT, SÉNATEUR.

Cours d'économie politique, fait au Collége de France. 2 forts et beaux volumes in-8°. — Seconde édition refondue et considérablement augmentée, contenant la RÉUNION DE TOUS LES DISCOURS D'OUVERTURE.   19 fr.

— Le troisième volume, traitant de la *Monnaie*, se vend séparément.

Histoire et description des voies de communication aux États-Unis, et des travaux d'art qui en dépendent. 2 très-beaux vol. grand in-4°, chacun d'environ 600 pages, avec un atlas in-folio de 19 planches de grande dimension. — Plus, une TABLE ANALYTIQUE.   50 fr.

Des intérêts matériels en France, 6e édition. — 1 vol. grand in-18, orné d'une carte des Travaux publics.   3 f. 50

Essais de politique industrielle. — 1 vol. in-8° de 450 pages.   6 fr.

L'Isthme de Panama, examen historique et géographique des différentes directions suivant lesquelles on pourrait le percer, et des moyens à y employer, suivi d'un aperçu sur l'isthme de Suez. — 1 vol. in-8° avec une carte.   4 fr.

De l'industrie manufacturière en France. — In-18.   50 c.

Lettres sur l'organisation du travail, ou ÉTUDES SUR LES PRINCIPALES CAUSES DE LA MISÈRE ET SUR LES MOYENS PROPOSÉS POUR Y REMÉDIER. 1848. — 1 très-fort et beau vol. grand in-18 jésus.   4 fr. 50

ÉTIENNE CHASTEL.

Études historiques sur l'influence de la charité durant les premiers siècles chrétiens, et CONSIDÉRATIONS sur son rôle dans les sociétés modernes. — *Ouvrage couronné par l'Académie française.* — 1 beau volume in-8°.   7 fr. 50

C. S. SIMON.

Étude historique et morale sur le compagnonnage, et sur quelques autres Associations d'ouvriers, depuis leur origine jusqu'à nos jours. 1 vol. in-8° de 176 pages. 2 fr.

H. SCHERER.

Histoire du commerce de toutes les nations, DEPUIS LES TEMPS ANCIENS JUSQU'A NOS JOURS, traduite de l'allemand, AVEC L'AUTORISATION DE L'AUTEUR, par MM. HENRI RICHELOT, chef de bureau au ministère de commerce, et CHARLES

3

Vogel, avec des Notes par les traducteurs, et une Préface par M. Henri Richelot. 2 très-forts vol. in-8°. 18 fr.

BLANQUI AINÉ,
de l'institut.

Lettres sur l'exposition universelle de Londres en 1851, précédées d'un Préambule et suivies du Rapport présenté à l'Institut de France. 1 vol. gr. in-18.   3 fr. 50

HENRI RICHELOT.

L'Association douanière allemande, le Zollverein son histoire, son organisation, ses relations avec l'Autriche, ses résultats, son avenir. Avec des *Annexes.* — Deuxième édition, entièrement refondue et mise au courant. 1 fort vol. in-8°.   8 fr.

C. PECQUEUR.

Des intérêts du commerce, de l'industrie, de l'agriculture, sous l'influence des applications de la vapeur. Ouvrage couronné par l'Institut de France. 2° édition. 2 forts et beaux vol. in-8°.   12 fr.

A. AUDIGANNE.

Lectures de l'école, de la maison et de l'atelier :

1° **Les ouvriers en famille,** ou entretiens sur les devoirs et les droits de l'ouvrier dans les diverses relations de sa vie laborieuse. Ouvrage couronné par l'Académie française, adopté pour les bibliothèques scolaires. 8° édition, revue et augmentée. 1 vol. in-18.   1 fr. 25

2° **François Arago,** ses travaux et son influence, ou la science dans ses rapports avec l'industrie. Ouvrage adopté pour les bibliothèques scolaires. 2ᵉ édition considérablement augmentée. 1 vol. in-18.   1 fr. 25

Les populations ouvrières et les industries de la France. 2ᵉ édition, entièrement refondue et considérablement augmentée. 2 beaux vol. in-8°.   15 fr.

Les chemins de fer aujourd'hui et dans cent ans chez tous les peuples. Histoire et économie générales des voies ferrées. 2 beaux vol. in-8°.   15 fr.

L'industrie contemporaine, ses caractères et ses progrès chez les différents peuples, ouvrage offrant le tableau des découvertes et des perfectionnements réalisés de nos jours par le génie industriel de toutes les nations, et permettant de suivre toutes les grandes industries dans leur développement, depuis le commencement de ce siècle. 2ᵉ édition.

Les ouvriers d'à présent et la nouvelle économie du travail (édité par la maison Eugène Lacroix, quai Malaquais, 15, à Paris). 1 fort vol. in-8°.   6 fr.

Saint-Denis. — Imprimerie Ch. LAMBERT, 17, rue de Paris.

SAINT-DENIS. — IMPRIMERIE CH. LAMBERT, 17, RUE DE PARIS.